조선시대 사람들의
더불어 살기,
향약

조선시대 사람들의
더불어 살기,
향약

초판 1쇄 인쇄 2023년 11월 13일
초판 1쇄 발행 2023년 11월 20일

—

기 획 한국국학진흥원
지은이 이광우
펴낸이 이방원

책임편집 박은창   **책임디자인** 박혜옥
마케팅 최성수·김 준   **경영지원** 이병은

—

펴낸곳 세창출판사
　　신고번호 제1990-000013호 주소 03736 서울특별시 서대문구 경기대로 58 경기빌딩 602호
　　전화 02-723-8660 팩스 02-720-4579 이메일 edit@sechangpub.co.kr 홈페이지 http://www.sechangpub.co.kr
　　블로그 blog.naver.com/scpc1992 페이스북 fb.me/Sechangofficial 인스타그램 @sechang_official

—

ISBN 979-11-6684-274-0 94910
　　　　979-11-6684-259-7 (세트)

© 한국국학진흥원 연구사업팀, 문화체육관광부

한국국학진흥원 전통생활사총서 15

조선시대 사람들의 더불어 살기, 향약

이광우 지음
한국국학진흥원 기획

세창출판사

　한국국학진흥원에서는 2022년부터 문화체육관광부의 지원으로 전통생활사총서 사업을 기획하였다. 매년 생활사 전문 연구진 20명을 섭외하여 총서를 간행하기로 했다. 올해 나온 20권의 본 총서가 그 성과이다. 우리 전통시대의 생활문화를 대중에 널리 알리고 공유하기 위한 여정이 시작된 것이다.

　한국국학진흥원은 국내에서 가장 많은 민간기록물을 소장하고 있는 기관으로, 그 수는 총 62만 점에 이른다. 대표적인 민간기록물로 일기와 고문서가 있다. 일기는 당시 사람들의 일상을 세밀하게 이해할 수 있는 생활사의 핵심 자료이다. 고문서는 당시 사람들의 경제 활동이나 공동체 운영 등 사회경제상을 이해할 수 있는 자료이다.

　한국의 역사는 『조선왕조실록』이나 『승정원일기』와 같이 세계적으로 자랑할 만한 국가기록물의 존재로 인해 중앙을 중심으로 이해되어 왔다. 반면 민간의 일상생활에 대한 이해나 연구는 관심을 덜 받았다. 다행히 한국국학진흥원은 일찍부터 민간에 소장되어 소실 위기에 처한 자료들을 수집하고 보존처리를 통해 관리해 왔다. 또한 이들 자료를 번역하고 연구하여 대중에 공개했다. 그리고 이러한 민간기록물을 활용하고 일반에 기여할 수 있는 방법으로 '전통시대 생활상'을 대중서로 집필하는 방식을 통해 생생하게 재현하여 전달하고자 했다. 일반인이 쉽게 읽을 수 있는 교양학술총서를 간행한 이유이다.

총서 간행을 위해 일찍부터 생활사의 세부 주제를 발굴하는 전문가 자문회의를 개최하고, 전통시대 한국의 생활문화를 가장 잘 구현할 수 있는 핵심 키워드를 선정하였다. 전통생활사 분류는 인간의 생활을 규정하는 기본 분류인 정치·경제·사회·문화로 지정하였다. 이를 기반으로 매년 각 분야에서 핵심적인 키워드를 선정하여 집필 주제를 정했다. 금번 총서의 키워드는 정치는 '관직생활', 경제는 '농업과 가계경영', 사회는 '가족과 공동체 생활', 문화는 '유람과 여행'이다.

분야마다 5명의 집필진을 해당 어젠다의 전공자로 구성하였다. 서술은 최대한 이야기체 형식으로 다양한 사례를 풍부하게 녹여 달라고 요청하였다. 특히 어디서나 간단히 들고 다니며 읽을 수 있도록 쉽게 서술해 줄 것을 부탁하였다. 그러면서도 본 총서는 전문연구자가 집필했기에 전문성 역시 담보할 수 있다.

물론 전문적인 서술로 대중을 만족시키기는 매우 어렵다. 그래서 원고 의뢰 이후 5월과 8월에는 각 분야의 전공자를 토론자로 초청하여 2차례의 포럼을 진행하였다. 11월에는 완성된 초고를 바탕으로 1박 2일에 걸친 대규모 학술대회를 개최하였다. 포럼과 학술대회를 바탕으로 원고의 방향과 내용을 점검하는 시간을 가졌다. 원고 수합 이후에는 책마다 전문가 3인의 심사의견을 받았다. 2023년에는 출판사를 선정하여 수차례의 교정과 교열을 진행했다. 책이 나오기까지 꼬박 2년의 기간이었다. 짧다면 짧은 기간이다. 그러나 2년의 응축된 시간 동안 꾸준히 검토 과정을 거쳤고, 토론과 교정을 진행하며 원고의 완성도를 높이기 위해 분주히 노력했다.

전통생활사총서는 국내에서 간행하는 생활사총서로는 가장 방대한 규모이다. 국내에서 전통생활사를 연구하는 학자 대부분을 포함하였다. 2022년도 한 해의 관계자만 연인원 132명에 달하는 명실공히 국내 최대 규모의 생활사 프로젝트이다.

1990년대 이후 폭발적으로 증가했던 일상생활사와 미시사 연구는 근래에는 학계의 관심이 소홀해진 상황이다. 본 총서의 발간이 생활사 연구에 다시 활력을 불어넣는 계기가 되기를 기대한다. 연구의 활성화는 연구자의 양적 증가로 이어지고, 연구의 질적 향상 또한 이끌 것이다. 그렇게 된다면 전통문화에 대한 대중들의 관심 역시 증가할 것으로 기대된다.

본 총서는 한국국학진흥원의 연구 역량을 집적하고 이를 대

중에게 소개하기 위해 기획된 대표적인 사업의 하나이다. 참여한 연구자의 대다수가 전통시대 전공자이며, 앞으로 수년간 지속적인 간행을 준비하고 있다. 올해에도 20명의 새로운 집필자가 각 어젠다를 중심으로 집필에 들어갔고, 내년에 또 20권의 책이 간행될 예정이다. 앞으로 계획된 총서만 80권에 달하며, 여건이 허락되는 한 지속할 예정이다.

대규모 생활사총서 사업을 지원해 준 문화체육관광부에 감사하며, 본 기획이 가능하게 된 것은 한국국학진흥원에 자료를 기탁해 준 분들 덕분이다. 이 자리를 빌려 그분들께 다시 한번 감사드린다. 아울러 총서 간행에 참여한 집필자, 토론자, 자문위원 등 연구자분들께도 감사 인사를 전한다. 책의 편집을 책임진 세창출판사에도 감사드린다. 이 모든 과정은 한국국학진흥원 여러 구성원의 노력이 있었기에 가능했다.

2023년 11월
한국국학진흥원 연구사업팀

소통과 통합의 공동체 정신, 향약

인간은 사회적 동물이다. 생존을 위해 본능적으로 무리를 짓고 더불어 산다. 외부 침입으로부터 자신과 가족을 보호하고 원활한 식량 획득을 위해 협동하였다. 무리 짓기는 본능이자 고 인류 때부터 지속된 오랜 습속이다. 본능에 의존했던 무리 짓기는 문명 발전에 따라 체계화된 사회 조직으로 변모해 갔다. 다 양한 목적의 조직 체계가 결성되었고, 조직 내 구성원 간의 지 위와 역할은 보다 분명해졌다. 그리고 조직의 효율적 운영을 위 해 각종 규약을 제정하였다. 우리는 규약을 통해 해당 조직 체 계가 운영되던 시기의 문화적 특징을 이해할 수 있다.

역사 시대 이래 더불어 살기를 목적으로 하는 다양한 조직 체계와 규약이 운영되었다. 국가 권력에 의해 강력한 제재制裁 를 동반하는 규약이 운영되기도 했지만, 소규모 구성원이 자발 적으로 준수하는 규약도 많이 존재한다. 아무래도 인간 생활에 좀 더 큰 영향을 끼친 것은 자발적 규약 체계일 것이다. 오래전

농경사회가 형성되었던 우리나라에서는 향도香徒·계契·두레·
향약鄕約 등과 같은 공동체 조직의 규약을 확인할 수 있다. 그중
에서도 향약은 조선시대 사람들이 추구했던 가치를 가장 잘 보
여 주던 자치 규약이다.

오늘날 우리는 학교 교육을 통해 전통시대 향약을 접할 수
있다. 한국사 수업 시간에서는 향약을 권선징악과 상부상조를
목적으로 만든 '조선시대 향촌 자치 규약'으로 정의한다. 덧붙
여 향촌사회 저변에 향약이 확산될 수 있었던 역사적 배경으로
16-17세기 성리학性理學을 기반으로 하는 사대부 문화의 발전을
배운다. 한국사뿐만 아니라 다른 과목에서도 전통시대를 대표
하는 공동체 정신으로 향약의 존재를 가르친다. 교실 밖에서는
향약 정신과 관련된 여러 움직임을 찾아볼 수 있다.

과거 우리 선조는 향약을 통해 향촌 구성원 간의 소통과 협
력을 이끌어 내며, 자율적으로 공동체를 운영해 나갔다. 이러한
향약 정신은 현대까지 계승되어 공동체의 공존, 즉 더불어 살기
를 실현하는 과정에서 수시로 회자된다. 전통시대 동안 향약이
우리의 생활 저변에 깊숙이 자리 잡았기 때문이다.

그런데 향약은 권력 집단에 의해 주목받기도 했다. 전통시
대 향약의 존재 양상은 매우 다양하였으며, 자치 규범으로만 활
용되지 않았다. 또한 향약은 중국에서 유래한 것이지만, 조선에

서 향약을 시행한 사대부 계층은 이를 일방적으로 모방하지 않고, 우리나라 실정에 맞게 변용하였다. 때로는 고을 단위로 때로는 촌락 단위로 때로는 친족 및 문인·친우親友 집단이 필요에 따라 자신들의 자치 규약에 향약을 적용해 나갔다. 향약이라는 명칭을 사용하지만, 그 세부 내용은 향약과 거리가 먼 전통적인 결사 조직도 있다.

조선에서 향약은 완전히 새로운 것이 아니었다. 예로부터 광범위하게 실시되던 자치 규약이 성리학 왕조인 조선에 이르러 향약이라는 외투를 입은 것이다. 그런 까닭에 선구적으로 향약을 연구한 역사학자 류홍렬柳洪烈(1911-1995)은 '조선적朝鮮的 향약'이라는 개념을 제시하기도 했다.

16세기 조선에서 향약을 보급하고 그 시행을 주도한 세력은 특정 학파를 영도하던 명유名儒였다. 그러나 조선 후기로 접어들면 일반 사대부 계층의 향약 시행이 증가한다. 뜻있는 수령들도 효율적인 지방 통치와 교화를 위해 고을의 사대부층과 협심하여 향약을 시행하였다. 사대부 문화를 지향하는 시대적 분위기 속에 신분 상승을 도모하던 세력들도 향약에 적극 참여하곤 했다. 심지어 생업에 목적을 둔 상민常民층의 결사 조직도 향약을 표방하기에 이른다.

향약은 전통시대 보편화된 공동체 조직의 자치 규약이다.

사대부라면 으레 향약을 시행하거나 향약 조직에 몸담았다. 이제 전통시대 향약의 여러 양상을 살펴봄으로써, 우리 선조들의 생활 속에서 향약이 가지는 의미를 되새겨 볼 것이다.

1

향약의
기원과 내용

향약의 '향鄕'은 일반적으로 시골과 마을을 뜻한다. 그런데 상고 시대 중국 갑골문甲骨文과 금문金文의 '향鄕'은 좀 더 단순하게 표현되어 있다. 자세히 살펴보면 두 사람이 마주한 채 음식을 나누어 먹는 형상이다.

그림 1 갑골문 '향鄕'

예나 지금이나 음식을 나누어 먹는 행위는 사람과 소통하고 친목을 다지는 필수적인 행위이다. 음식을 나누어 먹는 행위의 빈도와 범위를 통해, 참여자가 소속된 공동체 조직의 특징을 이해할 수 있다. 그런 관계로 과거 지방에서 공동체를 형성하고 사는 곳을 표현할 때 '향'이라는 문자를 사용하게 된 것이다.

고대 중국에서도 왕조의 권위가 높아짐에 따라, 율령律令 체계가 지방에 전파되었지만, 그와 별개로 '향'에서는 관습적으로 행해지던 공동체 단위의 여러 자치 규약이 존재하였다. 이러한 자치 규약이 율령 체계보다 지방의 현실과 문화를 좀 더 생생하게 담고 있다.

송나라에 이르러 중국에서는 새로운 유학 기조가 등장한다. 바로 성리학이다. 성리학의 보급과 발전에 앞장선 세력은 사대부 계층이다. 당시 사대부 계층은 성리학을 바탕으로 현실사회의 모순을 개혁하고자 했다. 당연히 향촌사회의 질서를 바로잡는 것도 성리학적 가치에서 모색되었다. 그런 가운데 북송北宋 경조부京兆府 남전현藍田縣에 살던 여씨呂氏 가문의 형제들이 여러 예서禮書에 수록된 규범을 참작하여 향촌 자치 규약을 만들고 이를 '향약鄕約'이라고 불렀다. 여씨 형제는 모두 당대 유학의 대가인 장재張載·정호程顥·정이程頤로부터 학문을 배운 석학碩學들이었다. 향약을 통해 공동체 구성원들이 자연스레 유학의 정신을 체득하고 실천하여, 향촌사회가 안정되기를 기대하였던 것이다.

성리학을 집대성한 남송南宋의 주자朱子(1130-1200)는 여씨 형제가 제정한 향약을 사대부가 실천해야 할 이상적인 규범으로 판단하였다. 이에 12세기 후반 남송의 현실에 맞추어 여씨 형제의 규범에 더할 건 더하고 뺄 건 빼서 새로운 향약을 마련하였다. 이것이 바로 우리나라에 전래된 '주자증손여씨향약朱子增損呂氏鄕約'이다.

주자증손여씨향약은 조선의 사대부들의 필수서인 『주자대전朱子大全』과 『소학小學』 등에서 확인할 수 있다. 『주자대전』에는 '증손여씨향약'이란 편명으로 수록되어 있는데, 가장 서두에 다음과 같은 언급이 있다.

무릇 향鄕에는 네 가지의 약속이 있다. 첫째가 덕업상권德業相勸, 둘째가 과실상규過失相規, 셋째가 예속상교禮俗相交, 넷째가 환난상휼患難相恤이다. 고을 안에서 나이 많고 덕이 있는 사람 한사람을 추대하여 도약정都約正으로 하고, 학행이 있는 사람 둘을 부약정副約正으로 하며 향약의 회원 중에서 달마다 한 사람씩 번갈아 직월直月이 된다. 장부는 셋을 두는데 향약에 들어오기를 원하는 사람을 한 장부에 싣고, 덕업이 볼 만한 자를 다른 장부에 싣고, 과실이 뚜렷한 자를 또 다른 장부에 싣는다. 직월이 이를 맡아 하며 맡은 달이 끝나면 약정에게 보고하고 다음 차례에게 넘긴다.

—『주자대전朱子大全』中

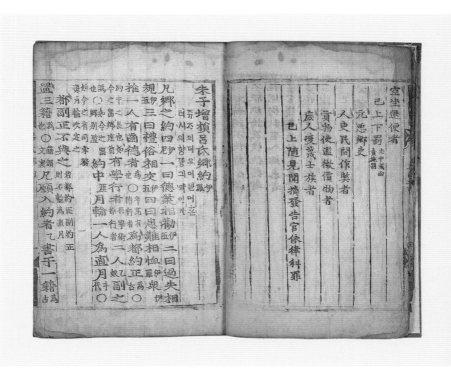

그림 2 『주자증손여씨향약언해』, 16세기, 국립중앙박물관

덕업상권·과실상규·예속상교·환난상휼이 이른바 향약의 4대 강목이다. 향촌사회에서 향약 구성원이 지켜야 할 네 가지 덕목으로서, 각 강목 아래에는 구체적인 세부 조항이 있다.

4대 강목 중 '덕업상권'은 '덕'과 '업'을 서로 권장하는 것이다. '덕'은 집안과 향촌에서 가족·아랫사람·이웃 등에게 선업을 행하는 것이요, '업'은 집 안팎에서 자제를 교육하고 전답을 경영하며 책을 읽고 법령을 잘 지키는 것을 뜻한다. 덕업상권은 유학을 공부하는 사대부가 평상시 행해야 하는 생활 규범이다.

'과실상규'는 잘못이 있을 경우 서로 규제하는 조항으로 의義를 저버리는 과실 여섯, 약속을 어기는 과실 넷, 수양하지 않는 과실 다섯으로 구성되어 있다. 향촌의 질서 유지와 사대부의 자기규제가 과실상규의 목적이다.

'예속상교'는 예의와 풍속으로 서로 교제하는 조항인데, 어른·아이를 구분하는 '존유배행尊幼輩行', 찾아서 뵙고 인사하는 '조청배읍造請拜揖', 초청·배웅·마중하는 '청소송영請召送迎', 경조사 때 부의를 주는 '경조증유慶弔贈遺' 넷으로 구성되어 있다. 향촌 내에서 나이와 위치에 따라 대우를 달리하는 예절과 절차를 규정하였다.

'환난상휼'은 '환난상구患難相救' 또는 '환난상고患難相顧'라고도 한다. 말 그대로 우환과 재난을 당했을 때 서로 구해 주고 돌보

아 주는 행위를 규정하고 있다. 여기서 규정하고 있는 환난으로
는 수재와 화재·도적·질병·상장례·독거노인과 고아·모함·궁
핍 등이다. '환난상휼'은 4대 강목 중 향약의 실효성을 잘 보여
주는 덕목으로써, 이것의 실천을 통해 향촌 공동체의 안정을 도
모하였다.

　향약 조직은 도약정 1인, 부약정 2인, 직월 체제로 규정되어
있다. 세 개의 장부를 둔다고 했는데 각각 명부·선적善籍·악적
惡籍이다. 뒤이어 구성원들이 모여 향약 규정을 읽고 서로 예를
거행하는 강신講信의 절차를 소개하고 있다. 강신 때 향약의 임
원과 구성원은 선적과 악적을 바탕으로 선행이 있는 자를 포상
하고, 과오가 있는 자를 벌주었다.

　향약 규정은 사대부 계층이 구상하는 이상적인 향촌사회의
모습을 담고 있다. 세부 규정도 성리학적 윤리관을 바탕으로 구
성하였다. 그러나 조선에서 실제 향약 규정은 시행 주체와 목적
에 따라 다양하게 변용되었다. 향약 조직의 임원은 주자증손여
씨향약의 약정·직월 이외에도 집강執綱·풍헌風憲·향헌鄕憲·약장
約長·존위尊位·반수班首·색장色掌·유사有司·공사원公事員 등 다양
하게 불렀다. 향약 보급 이전에 지역마다 다양한 자치 조직이
운영되고 있었다. 향약은 완전히 새롭게 제정되는 것도 있지만,
기존의 자치 조직이 향약으로 변모하는 경우가 상당수였다. 그

럴 경우 기존 조직의 임원 명칭을 그대로 사용하기도 했다.

　임원의 자격도 향약의 목적에 따라 다양하게 규정되었다. 나이 많고 덕이 있는 자를 향약의 우두머리인 도약정에 임명하는 것이 원칙이지만, 향촌사회에서는 보통 유력한 가문의 사대부 인사가 그 자리를 독점하였다. 만약 고을 단위의 향약이 실시될 경우 수령이 직접 도약정을 맡기도 했다. 명부는 단순히 구성원 관리를 위해 작성하는 것이 아니었다. 향약에 참여하는 공동체 구성원과 그렇지 않은 촌민村民을 구분하여, 신분적 통제의 기준으로 삼았다. 또한 촌락의 공공이익을 공유할 때 명부 등재 여부로서 차별을 두었다.

　4대 강목의 세부 조항도 향약 시행자의 목적에 따라 변용되었다. 예컨대 사대부 계층은 4대 강목 중 '과실상규'의 세부 조항에 매를 치거나 교유 금지와 같은 벌목罰目을 추가하여 하층민을 통제하기도 했다. '예속상교'의 세부 조항은 사대부·서얼·상민·노비 등 촌락 내에 동거하는 다양한 신분 간의 질서를 확인할 수 있도록 변용하였다. '환난상휼'은 활용하기에 따라 조직의 공유 재산을 사대부 계층이 주도할 수 있는 근거가 된다.

　향약은 다른 제도와 접목되기도 했다. 대표적인 것인 사창社倉일 것이다. 사창은 고구려의 진대법賑貸法이나 고려의 의창義倉처럼, 지방의 창고에서 빈민에게 곡식을 대여해 주는 빈민구

호 제도이다. 사창법도 남송시대 주자가 제안한 제도 중 하나로서, 그 운영 주체는 민간이었다. 조선 정부도 사창 제도 시행을 긍정적으로 보고, 정책적으로 검토하였다. 그런 가운데 율곡栗谷 이이李珥(1536-1584)는 만년에 머물던 해주에서 향약과 사창, 그리고 계를 결합한 '사창계약속社倉契約束'을 제정하였다. 민간에서 사대부가 주도하는 사창을 조직하되, 그 운영 규정을 변용하여 향약과 접목한 것이다. 그 밖에도 연좌제성 지방 행정제도로서, 다섯 집을 하나의 통統으로 묶어 관리하는 오가작통五家作統과 연계한 향약도 확인된다. 우리 선조는 향약의 4대 강목과 별개로 다양한 형태의 추가 조항을 제정하며, 향약을 변용해 나갔다.

무엇보다 주자증손여씨향약은 시행 범위가 '향鄕'에 한정되어 있지만, 조선의 향약은 그 시행 범위가 다양하다. 고을 단위, 면·리 단위, 동洞 단위, 촌락 단위로 향약을 시행하였으며, 특정 지역 내에서 가문적·학문적 정체성을 공유하는 인사들끼리 결속력 강화와 특정 사업을 수행하기 위해 향약을 시행하는 경우도 있었다. 향약 조직이 아니더라도 사대부끼리 모여 향약 규정을 읽는 독약례讀約禮와 강신례가 향사당鄕射堂·향교鄕校·서원書院 등 여러 시설에서 거행되기도 했다. 조선시대 동안 향약은 여러 공동체 조직과 접목하여 다양하게 운영되었다.

2

"여씨향약을 좇아
풍속을 바꾸소서",
향약의 보급과 사림파

기묘사림의 향약 보급과 갈등

　고려 후기 안향安珦에 의해 주자 성리학이 도입되었다. 성리학 수용에 앞장섰던 사대부 계층은 『주자대전』과 『소학』 같은 성리서를 탐독하였고, 자연스레 여기에 수록된 향약의 존재를 인지하였다. 그러나 향약을 따로 발췌해 하나의 실천규범으로 활용한 것은 조선왕조 개창 이후이다.

　조선에서 성리학은 철학적 사유 체계를 넘어 왕조의 통치 이념으로 자리매김하였다. 나아가 사회 및 생활 규범에서도 성리학은 중요한 원칙이 되었다. 성리학 전래 이후 조선의 사대부들은 중국에서보다 더욱 적극적으로 '주자증손여씨향약'을 실천하고자 했다. 북송 때 여씨 형제가 제정한 것이 향약의 원전이지만, 조선에서 여씨향약·남전향약·주자향약·증손향약, 또는 단순히 향약이라 불리던 것 모두가 '주자증손여씨향약'을 전범典範으로 삼고 있다.

조선의 사대부는 신분적으로 양반兩班·사족士族으로 좌정하며, 향촌사회의 지배계층으로 군림하였다. 이들은 사상적으로 성리학적 사유 체계로 무장하고, 경제적으로는 새로운 농업 기술을 바탕으로 향촌사회를 개발해 나갔다. 나아가 성리학적 교화 체계로써 향촌사회를 주도할 명분을 구상하게 되는데, 이때 주목한 것이 바로 향약이다.

우리나라에서 향약이 언제부터 시행되었는지 정확히 알 수 없다. 다만, 정부에서 향약을 논의한 가장 오랜 기록은 1517년(중종 12)의 『중종실록』 기사에서 확인된다.

> 함양咸陽 사람 김인범金仁範이 상소하기를 "여씨향약을 준행하여 풍속을 바꾸도록 하소서" 하였다. 승정원에 전교하기를 "내가 함양 유생 김인범의 상소를 보니, 초야의 한미한 사람으로 인심과 풍속이 날로 경박하게 되는 것을 탄식한 나머지, 천박한 풍속을 바꾸어 '당우지치唐虞之治'[요堯 임금과 순舜 임금이 통치하던 태평성대]를 회복하

려는 것이니 그 뜻이 또한 가상하다. 근래 인심과 풍속
이 달라진 것은 나 역시 걱정스러워 마침내 어찌해야
할 것을 모르겠거니와 그 까닭을 따져 보건대 어찌 연
유가 없겠는가? … 그대 등은 한낱 포의布衣[벼슬 없는
선비의 오활한 말이라고만 여기지 말고 풍속을 바꿀
방도를 강론해서 서로 힘쓰도록 하라. 그리하여 인심
과 풍속이 모두 후하고 질박한 데로 돌아가서, 위로는
충후忠厚한 풍속이 있고 아래로는 탄식하는 소리가 없
게 된다면 이 또한 아름답지 않겠는가?"라고 하였다.

—『중종실록』 12년 6월 30일 기사 中

경상도 함양 유생 김인범이 향약 시행을 권하는 상소문을
올리자, 중종이 적극적으로 검토하라는 전교를 내렸는데, 이것
이 향약 시행과 관련된 첫 번째 기사이다. 이때 정부에서의 논
의는 김인범 이전에 이미 개별적으로 향약이 시행되고 있었음
을 보여 준다.

『광주목지光州牧誌』에는 김문발金文發이 15세기 중엽 전라도
광주목光州牧에서 광주향약을 제정했다는 기록이 있다. 1475년
(성종 6)에는 정극인丁克仁이 전라도 태인현泰仁縣 고현면古縣面에
서 고현동약古縣洞約을 실시한 기록이 전한다. 물론, 이들 조직이

처음부터 향약이었는지 알 수 없다. 당초 별개의 조직으로 운영되고 있다가, 어느 시점부터 향약을 접목한 후 그 기원을 향약과 무관했던 시기까지 소급하는 경우도 많기 때문이다.

15세기 후반 편찬된 『동국여지승람東國輿地勝覽』 전라도 용안현龍安縣 편에는 고을에서 향음주례鄕飮酒禮를 거행한 뒤 향약의 덕목을 권장했다는 기록이 있다. 향음주례는 선비와 유생이 함께 모여 술을 마시는 의례로서, 활을 쏘는 향사례鄕射禮 및 향약과 더불어 향촌 교화와 관련된 대표적인 향례鄕禮이다. 또한 사림파의 종장宗匠으로 추앙받고 있는 김종직金宗直(1431-1492)의 『점필재집佔畢齋集』에 따르면, 그의 문인 김용석金用石이 성균관에서 공부할 때 당대의 이름난 선비들과 향약을 만들었다고 한다. 고려 후기 이래 『성리대전』과 『소학』 등 주자의 저서를 탐독한 사대부 계층은 향약의 존재를 인지하였고, 그중 몇몇은 향촌에서 향약을 직접 시행하였음을 알 수 있다.

그런 가운데 16세기 초반 연산군을 몰아내고 왕위에 오른 중종은 조광조趙光祖를 필두로 한 사림파 인사를 중용하였다. 조광조 등 이른바 중종 연간의 기묘사림己卯士林(1482-1520)은 누적된 사회·경제적 폐단과 연산군의 폭정으로 어지러워진 향촌사회를 안정시킬 규범으로 향약을 주목하게 된다. 이에 조광조와 동문인 김안국金安國은 경상도관찰사慶尙道觀察使 재임 중 일반인

그림 3 정홍래, 조광조 영정

들도 익힐 수 있도록 향약을 한글로 번역해서 간행하였다. 중종도 그 뜻에 공감하여, 1518년 향약을 간행해서 전국에 배포하라는 지시를 내렸다.

중종이 향약에 관심을 보이자 1518-1519년 동안 기묘사림은 정부에서 향약의 효과를 적극적으로 아뢰었다. 한충韓忠은 충청도관찰사가 향약을 간인하고 가르쳐 어리석은 백성들도 향약을 잘 시행한다고 아뢰었으며, 대사헌大司憲 김정金淨은 향약 시행으로 서로 반목하던 형제가 뉘우치고, 패도를 부리던 자가 온순해지는 것을 직접 목격했다고 보고하였다. 조광조도 온양溫陽 사람들이 향약을 잘 시행한다고 아뢰었다. 심지어 이구李構는 향약 덕분에 사람들이 길에 떨어진 물건도 줍지 않는다고 아뢰는 바람에 훗날 허황된 일을 이야기했다고 추고받기도 했다.

그렇다면 사림파가 향약 시행에 적극적인 행보를 보인 까닭을 무엇일까? 사림파는 15-16세기 농업 기술의 발달로 향촌 개발이 이루어지는 가운데, 향촌사회에 기반을 둔 정치세력으로 등장하였다. 사림파 입장에서는 자신들이 구축한 향촌 질서에 명분이 필요했다. 그 방법 중 하나가 성리학적 자치 규범인 향약의 시행이었다. 이를 통해 향촌에서 자신들의 사회적 기반을 확고히 하고, 정계에 나아가서는 훈구파와 경쟁하면서 사림 정치를 구현하고자 했던 것이다.

사림파는 향약을 권장하는 데 그치지 않고, 하나의 제도로 정립하기 위해 노력하였다. 그것은 유향소留鄕所와 서울에서 향약을 시행하는 것이었다. 1519년 훈도訓導 은임殷霖은 상소를 올려 폐단이 심한 유향소를 혁파하고, 향약에 유향소의 기능을 부여하자고 했다. 유향소는 고을마다 설치되었던 향촌 자치기구이다. 풍속 교화를 명목으로 수령을 보좌하고 향리를 규찰하는 역할을 했는데, 품관品官이라 불리는 지방 세력에 의해 운영되었다. 그러나 당시 유향소는 중앙의 훈구勳舊 관료들에 의해 통제받고 있었다. 따라서 향촌에 기반을 둔 사림 세력은 유향소의 대안처로 향약 기구를 내세웠던 것이다. 당연히 훈구 세력은 반대하였고, 그 절충안으로 유향소에서 향약을 시행하라는 지시가 내려졌다.

비슷한 시기 서울에서도 향약이 시행되었는데, 훈구 세력의 반대 의견이 만만치 않았다. 엄연히 법률을 다루는 관청이 도성에 있고, 무엇보다 왕의 교화가 직접 미치는 곳이기 때문에 향약 시행이 불필요하다는 의견이었다. 이에 중종은 "한양에서는 향약을 법으로 시행하게 해서도 안 되고, 또한 금지해서도 안 된다"라고 말하며, 사실상 서울에서의 향약 시행을 묵인하였다.

1518-1519년 조광조를 필두로 한 기묘사림의 끈질긴 주청 끝에 중종은 향약 시행을 허락하였다. 그렇지만 향약 시행을 두

고 여러 인사들 사이에 견해 차이가 없지 않았다. 다음 일화는
그러한 사정을 잘 보여 준다.

최숙생崔淑生의 마을에서 바야흐로 향약을 시행하면서
숙생을 청하여 도약정으로 삼았다. 하루는 이계맹李繼
孟이 신용개申用漑를 찾아갔다가 숙생이 온다고 하자,
계맹이 짐짓 병풍 뒤로 숨으며 숙생이 들어옴을 지체
하게 해 놓곤 계맹이 갑자기 나와 두 손을 모아 맞잡고
기다랗게 부르기를 "도약정이 들어오신다" 하였으니,
대개 기롱譏弄한 것이다. 드디어 서로 크게 껄껄 웃고
나서 이어 숙생을 책망하기를 "그대가 육경六卿의 높은
관원으로서 시속에 따라 구차하게 합류하여 마을의 아
이들처럼 향중鄕中의 도약정을 맡아 보는가? 여씨는 대
개 당시에 도를 펼 수 없으므로 차라리 한 마을에서라
도 세속을 착하게 하고 풍습을 순후하게 하려고 그런
향약을 마련한 것인데, 어찌 조정의 재상이 할 일이겠
는가?" 하였다. 용개는 비록 숙생을 옳게 여기지 않았
지만 계맹의 방종함도 책망하였다. 그러나 계맹이 조
금도 굴하지 않고 오히려 꾸짖고 기롱하기를 그만두지
않아 말이 용개에게까지 미치므로, 용개가 마침내 웃

고 내버려 두었었다.

—『중종실록』 14년 5월 2일 기사 사론 中

당시 최숙생은 높은 관직에 있던 인물로 기묘사림에게 명망 있던 인사였다. 그런 최숙생이 향약의 도약정이 되자, 이를 못마땅하게 여긴 이계맹이 최숙생을 조롱하듯 꾸짖었다. 향약 시행은 위훈삭제偽勳削除, 소격서昭格署 혁파, 현량과賢良科 시행 등과 더불어 성리학적 명분론을 내세운 기묘사림의 개혁정치로 손꼽힌다. 그렇지만 한편으로 현실 정치와 여러 이해관계를 망각한 과격한 정치라는 비판을 받았던 것이다.

1519년 기묘사화己卯士禍로 조광조와 사림 세력이 정치적 숙청을 당하면서 그들이 시행했던 여러 개혁 정책은 물거품이 되었다. 기묘사화가 일어나고 며칠이 지난 후 정부에서는 향약을 성토하는 장이 열렸다. 그중 아래 두 사람의 지적을 주목할 만하다.

정언正言 조진趙珍이 아뢰기를 "향약에 대해서는 김안국이 전라도감사로 있으면서 수시로 선적과 악적을 상고하여 만약 선적에 실려 있으면, 비록 천한 노비라 할지라도 반드시 수령에게 압력을 가하여, 그 노비에게 선물을 보내게 하므로 수령이 지탱할 수 없는 지경입니다. 또 향약에 관계된 일이면 반드시 형신까지 하므로 인심이 어그러졌습니다. … 또 예에는 존비尊卑와 상하의 구분이 있는데, 연치年齒[나이]만 헤아려 천한 무리로 하여금 도리어 위에 있게 하므로, 아랫사람이 윗사람을 무시하고, 천한 자가 귀한 자를 무시하는 폐단이 생겼습니다."

영사領事 정광필鄭光弼이 아뢰기를 "향약은 모두 저들 무리가 단서를 만들었습니다. 지난번 형조에서 도망한 사민徙民[사민정책에 따라 북방으로 이주한 백성]을 체포하려 하였는데, 향약인이 감히 숨겼으며 잡으러 온 자를 막아 체포하지 못하게 했습니다."

—『중종실록』 15년 1월 4일 기사 中

사림파는 향약을 이상적인 향촌 교화책으로 인식하였다. 그렇기에 조광조 등 기묘사림은 향약을 제도화시키려고 했다. 조선시대 동안 정부에서 가장 적극적으로 향약 시행이 논의된 것도 바로 이 무렵이다. 그러나 기묘사림의 정치적 실패 이후 향약에 대한 중종의 인식은 완전히 바뀌었다.

기묘사림의 건의로 정부 차원에서 향약이 시행되었지만, 그 과정에서 적지 않은 부작용이 발생하였다. 자치 규약인 향약이 여러 군데에서 정부의 법령과 충돌하였고, 때로는 이를 능가하는 일이 벌어졌던 것이다. 이 때문에 기묘사화 후 훈구 세력은 오히려 사회질서를 어지럽히고, 정부를 능멸하는 규약이라고 비판하였다. 나아가 향약 실시를 주도한 사림파는 정치적 공격을 받아야 했다. 기묘사화 이후 향약은 한동안 중단되었다. 이처럼 중종 연간의 향약 시행과 관련된 논의는 중앙집권적 체제를 지향하던 조선 정부에서, 자치 규약인 향약을 법제화시키는 것에 대한 정치 세력 간의 상반된 견해를 보여 준다.

율곡 이이의 '선민생先民生'론과 향약

조선 전기 사림파의 등장은 사회·경제적 변화에 따른 시대적 대세였다. 몇 차례의 사화로 정치적으로 위축되었지만, 곧바로 중앙 정계에서 재기하는 모습을 보여 주었다. 반면 훈구 세력은 중종~명종 연간 정치적 암투를 거듭하며 스스로 도태되어 갔다.

그런 가운데 16세기 중·후반 사림 계열에서 퇴계退溪 이황李滉(1501~1570), 율곡 이이 등과 같은 명유가 등장하였다. 사림 세력의 외연은 더욱 확대되었고, 선조 즉위 후에는 정치권력의 판도마저 자연스레 사림에게 귀결되었다.

사림파가 정국 전면에 등장하면서, 정부에서도 기묘사림의 정책을 재평가하였다. 당연히 향약 시행도 다시 논의되었다. 1573년(선조 6) 사간원司諫院에서 향약 시행을 건의하자, 선조는 대신과 정부 원로에게 의견을 물었는데, 모두 긍정적으로 답하였다.

> 좌상左相 박순朴淳 … "여씨향약은 본디 풍속의 교화를 돕는 아름다운 뜻이고, 주자가 그것을 취하여 증감하였기에 그 규모와 절목이 평실平實하고 간편합니다. … 또 우리나라 풍속은 안으로 서울부터 밖으로 촌마을까지 모두 동린洞隣에 계와 향도香徒의 모임이 있어 사사로이 약조를 세워 서로 단속하려 하나, 각각 자기 뜻에 따르기 때문에 엉성하고 질서가 없어서 … 이제 선현이 이미 정한 규약을 거행하라고 명령을 내리신다면 백성이 장차 순종하기에 겨를이 없을 것입니다."
>
> 판부사判府事 이탁李鐸 … "다만 사람이 행하지 못할까 걱정일 뿐입니다. 신이 보건대 주회암朱晦菴[주자]이 장경부張敬夫[장식張栻]에게 답한 글에 '향약의 글은 … 유행

시키고 싶으나, 실은 또한 거기에 이른 대로 행하기 어려울까 염려된다. 독자讀者가 보고서 … 스스로 닦는 절목을 알게 하는 것도 조금 보탬이 있을 것이다'라고 하였으니, … 신의 생각으로는 이 책을 많이 인간하여 중외에 널리 반포하되, 서울에는 동몽학童蒙學, 외방에는 향교로부터 촌리의 학장學長까지 나누어 주어, 배우는 자가 글을 읽는 여가에 이 책을 버려두지 않고 때때로 보게 한다면, 사람들이 다 스스로 닦는 도리를 알아 백성의 풍속도 이에 따라 변해 갈 것입니다."

—『선조실록』 6년 8월 17일 기사 中

당시 건의되었던 여러 의견 중에서도 박순과 이탁의 견해가 주목된다. 박순은 향촌사회에 향약과 같은 결사 조직으로 계와 향도를 언급하였다. 이들 조직은 고대부터 향촌에 존재했던 자생적 결사체이다. 성리학 보급 이후 향약이 하루아침에 등장한 것이 아니라, 기존에 있던 자치 조직의 전통을 계승한 것으로 이해할 수 있다. 다만, 지역의 오랜 관습에 따라 운영되다 보니, 그 규약의 엉성함을 피할 수 없었다. 그렇기에 박순은 이들 조직을 향약으로 대체하자고 건의하였다.

이날 논의해서 여러 대신과 원로들은 정부가 나서서 향약을 정책적으로 시행하자고 입을 모았다. 그러나 이탁만은 향약 시행에 대해 신중론을 펼쳤다. 향약을 증손한 주자의 고사故事를 들며, 제도적으로 시행하기보다는 책자를 반포하여 스스로 익히기를 기다리는 것이 좋다고 하였다. 정부에서 일부 이견이 있었지만, 향약 시행을 건의하는 신료들의 청원은 지속되었다. 그 결과 같은 해 선조는 전국적으로 향약을 시행하라는 지시를 내렸다.

하지만 전국적인 향약 시행은 직제학直提學 이이의 반대로 다른 국면을 맞이하게 된다. 이 무렵 정부에서 이이는 백성들의 삶이 고달픈데 향약을 먼저 시행하면 쉽게 이루어지지 않을 것이라고 아뢰었다.

아래 백성들의 경우 굶주림과 헐벗음이 절박해 본심을 모두 잃어 부자 형제간이라도 오히려 길 가는 사람이나 다름없이 보고 있으니, … 강상綱常을 제대로 유지하지 못하고 형정刑政을 제대로 제어하지 못하고 있는데 … 향약을 널리 시행하여도 좋은 풍속을 이룩하는 성과가 없을까 염려됩니다.

—『율곡전서栗谷全書』「만언봉사萬言封事」中

요사이 신료들이 향약을 행하고자 청하므로 임금께서 행하도록 명했습니다만, … 민생民生을 기르는 것이 먼저 할 일이고 … 민생들의 곤궁이 오늘날보다 심할 때가 없었으니, 시급하게 폐해를 바로잡아 우선 급박한 상황을 해소한 다음에야 향약을 행할 수 있을 것입니다.

—『선조실록』 7년 2월 29일 기사 中

위의 글은 이이가 1574년 1월에 올린 상소문과 2월의 조강朝講에서 향약에 대하여 아뢴 대목이다. 여기서 이이는 향약의 즉각적인 시행을 반대하였다. 반대 명분으로는 백성이 편안하게 된 후에야 향약을 시행할 수 있다는 '선민생先民生'을 내세웠다.

앞서 이이는 파주와 청주 지역에서 향약을 직접 시행하였다. 그렇기에 누구보다 향약 시행의 한계를 잘 알고 있었다. 이이가 '선민생'을 내세우며 전국적인 향약 시행을 반대하자, 이전까지 자신의 견해를 뚜렷하게 밝히지 않고 있던 선조도 향약 시행을 유보하게 된다. 선조는 자치 규약을 법제화하는 것에 대하여, 긍정적으로 보지 않았다. 전제 왕조의 최고 권력자로서, 국왕의 정령이 자치 규약에 의해 훼손되는 것을 우려한 것으로 보인다.

허엽許曄이 말하기를 "지금 세상 사람은 선한 자가 많고 선하지 않은 자는 적기 때문에 향약을 시행할 수가 있습니다"고 하였다.

이이가 웃으면서 말하기를 "당신의 마음은 선하기 때문에 사람이 선한 것만 보셨습니다마는, 나는 선하지 않은 사람을 본 것이 더 많으니 필시 내 마음이 선하지 않아서 그런 것일 것입니다. 그러나 몸으로 가르치면 따르고 말로써 가르치면 말썽이 생기는 법인데, 지금 향약의 경우 어찌 말썽이 없겠습니까"라고 하였다.

허엽이 말하기 "당신은 고집부리지 말고 대죄해야 합니다. 그런 뒤에 양사兩司[사헌부·사간원]로 하여금 다시 논죄하게 해야 할 것입니다"라고 했다.

이이가 말하기를 "나는 내가 그르다는 것을 스스로 모르므로 감히 대죄하지 못하겠습니다"고 하니, 허엽이 개탄해 마지않았다.

— 『선조수정실록』, 7년 2월 1일 기사 中

이이의 유보론에 따라 향약 시행이 중단되자, 여러 신료들이 반발하였다. 특히 향약의 즉각 시행을 주장하던 허엽과 이이 간에는 위와 같이 언쟁이 일어나기도 했다. 이들 모두 향약의 긍정적인 부분에 대해서는 공감을 하지만, 그것의 시행 시점에 대해서는 견해가 달랐던 것이다. 이이는 향약 시행을 위해서는 몇 가지 조건이 갖추어져야 한다고 판단했다. 그중 하나가 향약을 이해하고 시행할 만한 역량을 갖춘 선한 사람, 바로 사대부의 존재이다. 이이는 향약을 시행하고 운영할 만한 역량이 전혀

갖추어지지 않은 고을에서, 갑작스레 향약을 시행할 경우 오히려 혼란이 일어나고, 또 다른 폐단이 발생할 수 있다고 보았다. 실제 이른 시기 향약이 시행된 고을은 명망을 갖춘 사대부 가문이 형성된 곳이다.

선조 이후 조선 정부의 향약 정책은 이이의 유보론을 견지하였다. 뜻있는 사림이 지역에서 자발적으로 향약을 시행할 경우 권장하고 포상하였지만, 정령에 의거한 향약 시행에 대해서는 미온적인 반응을 보이게 된다. 이러한 정부의 의지가 잘 드러나는 것이 1797년(정조 21)에 있었던 『향례합편鄕禮合編』 반포이다. 『향례합편』은 정조의 지시에 따라 향약을 비롯해 향음주례·향사례 등 여러 향례에 관한 기록을 엮은 책으로 민간의 자발적인 교화를 이끌어 내기 위하여 간행하였다.

이처럼 조선 정부의 향약 정책은 권장하는 수준에 머물러 있다. 그렇다고 해서 조선 후기 동안 향약이 위축된 것이 아니다. 사대부 문화가 한층 더 성숙해지는 가운데, 향촌사회에서는 다양한 형태의 향약이 시행되며, 우리 선조들의 생활 속에 점차 뿌리내리고 있었다.

조선시대 풀뿌리
민주주의

유향소와 향약

　현대의 지방자치가 풀뿌리 민주주의의 실천이듯이, 향약 운
영은 당대의 통치 이념인 주자 성리학의 실천이었다. 따라서 사
대부 계층은 자신들의 자치 조직에 성리학의 향약을 투영하기
시작하였다. 현대의 지방자치와 버금가는 조선시대 자치 조직
이 바로 유향소이다.

　조선 왕조도 향약을 예의주시하였다. 우리나라 역대 왕조
는 중앙집권적 통치체제의 정립을 모색하면서도, 자치적 성격
을 가진 사회 조직을 묵인해 왔다. 법제적 장치만으로는 피통치
대상의 절대다수가 존재하는 지방을 통치하기가 어려웠다. 즉,

중앙은 자치 조직을 통치 권력과 대립하는 개념이 아니라, 보완 장치로 인식하였던 것이다. 더구나 향약은 왕조의 통치 이념인 성리학의 자치 규약이었다. 왕조 입장에서는 향약 장려를 통해 자연스레 교화를 이끌어 낼 수 있었고, 사대부 입장에서는 향약을 시행함으로써 자신들 주도의 향촌 지배 질서를 구축할 수 있었다.

당초 향약은 현縣 단위의 작은 고을에서 시행하기 위하여 구상되었다. 기묘사림의 좌절로 향약 시행이 한동안 중단되었지만, 그 사이 지방에서 성장한 사림 세력은 정부 정책과 별개로 향약 시행을 추진하였다. 이때 향약을 시행할 기구로 유향소를 주목하게 된다.

조선의 공식적인 지방 통치 체계는 '관찰사-수령-향리'로 이어지는 관치행정 계통이다. 반면, 유향소는 고려시대 사심관事審官 제도의 유제遺制로서, 지역 내 유력한 사대부 계층이 주도하는 자치행정 계통이다. 각 고을에 설치된 유향소는 수령을 자문하고, 향풍鄕風 진작과 향리 견제 등의 임무를 수행하였다. 한편으로 유향소 운영을 주도하던 사대부 계층은 이를 매개로 자신들의 사회·경제적 이익을 대변해 나갔다.

이황과 이이는 유향소에 향약을 접목시킨 선구적 인물이다. 이황은 자신의 고향인 경상도 예안禮安에서, 이이는 청주와 해

상주 향청(유향소), 국가문화유산포털 전재

주에서 각각 향약을 제정하였다. 이전까지 유향소는 전횡을 일
삼던 토호의 소굴이라는 비판을 받았었다. 그런 가운데 두 명유
는 유향소와 연계한 향약을 제정하였다.

이황의 향약은 1556년(명종 11) 제정되는데, 일반적으로 퇴계
향약 또는 예안향약으로 불린다. 퇴계향약은 주자증손여씨향
약과 달리 4대 강목은 없으며, 서문과 몇 가지 처벌 조항으로만
구성되어 있다. 명칭 또한 향약이라 하지 않고, '향입약조鄕立約
條'라고 명명하였기에 향약과 무관한 유향소 규정으로 보기도

한다. 분명한 것은 이황의 문인 집단과 그의 학맥을 계승한 인사들은 '향입약조'를 향약으로 인식했다는 점이다.

옛날 향대부鄕大夫의 직책은 덕행과 도예道藝로써 백성을 인도하고 따르지 않는 자는 형벌로써 규탄한다. 선비 된 자는 또한 반드시 집에서 닦아 고을에서 드러난 후라야 나라에 등용되니, 이와 같음은 어째서인가? … 지금의 유향소는 바로 옛날 향대부가 끼친 제도이다. 알맞은 사람을 얻으면 한 고을이 화평해지고, 알맞은 사람이 아니면 온 고을이 해체된다. 더욱이 시골은 왕의 교화가 멀어서 좋아하고 미워하는 자들이 서로 공격하고, 강하고 약한 자들이 서로 알력을 벌이고 있으니 혹시라도 효제충신孝悌忠臣의 도리가 저지되어 행해지지 못하면 예의를 버리고 염치가 없어지는 것이 날로 심해져서 점점 이적夷狄이나 금수禽獸의 세계로 돌아갈 것이니, 이것이 실로 왕정王政의 큰 걱정인데, 그 규탄하고 바로잡는 책임이 이제는 유향소로 돌아오니, 아아, 그 또한 중요하다.

— 『퇴계집退溪集』, 「향입약조서鄕立約條序」中

퇴계향약 서문에서 이황은 유향소를 주周나라의 향대부에 비견하고 있다. 향대부는 『주례周禮』 지관地官에 속한 관직으로서, 군주 직할지인 향鄕의 각종 정무를 담당하였다. 그 임무는 병역과 노역 징발, 현명한 자와 유능한 자의 추천, 서리에 대한 업적 평가 등이다. 조선의 유향소도 비슷한 기능을 가지고 있었다. 홀로 파견된 수령을 보좌하여 고을의 인재를 천거하고 변별하였으며, 호적·군적 등을 관리하였을 뿐만 아니라, 향리를 규찰하고 고을의 풍속을 바로잡았다. 이황은 유가儒家들이 이상적으로 생각하던 주나라 향대부와 유향소를 동일시함으로써, 그 기능에 대해 성리학적 명분을 부여하였다.

퇴계향약은 처벌 조항, 즉 벌목으로만 구성되어 있다. 죄목에 따라 크게 극벌極罰·중벌中罰·하벌下罰, 기타 벌목으로 구분하였다.

극벌

부모에게 불순한 자

형제가 서로 싸우는 자

가도家道를 어지럽히는 자

일이 관부官府에 간섭되고 향풍에 관계되는 자

망령되이 위세를 부려 관을 흔들며 자기 마음대로 행

하는 자

향장鄕長을 능욕하는 자

수절守節하는 상부孀婦[과부]를 유인하여 더럽히는 자

중벌

친척과 화목하지 않는 자

본처를 박대하는 자

이웃과 화합하지 않는 자

동무들과 서로 치고 싸우는 자

염치를 돌보지 않고 사풍士風을 허물고 더럽히는 자

힘을 믿고 약한 이를 능멸하고 침탈하여 다투는 자

무뢰배와 당을 만들어 횡포한 일을 많이 행하는 자

공사公私의 모임에서 관정官政을 시비하는 자

말을 만들고 거짓으로 사람을 죄에 빠뜨리게 하는 자

환난을 보고 힘이 미치는데도 가만히 보기만 하고 구하지 않는 자

관가의 임명을 받고 공무를 빙자하여 폐해를 만드는 자

혼인과 상례·제례에 아무 이유 없이 시기를 넘기는 자

집강을 업신여기며 유향소의 명령을 따르지 않는 자

유향소의 의논에 복종하지 않고 도리어 원망을 품는 자

집강이 사사로이 향안鄕案에 들인 자

구관舊官[전임 수령]을 전송하는데 연고 없이 참석하지 않는 자

하벌

공회公會에 늦게 이른 자

문란하게 앉아 예의를 잃은 자

좌중에서 떠들썩하게 다투는 자

자리를 비워 놓고 물러가 편리한 대로 하는 자

연고 없이 먼저 나가는 자

기타 벌목

원악향리元惡鄕吏[지위를 이용하여 악행을 저지르는 지방관서의 향리]

아전으로서 민가에 폐를 끼치는 자

공물貢物 값을 범람하게 징수하는 자

서인庶人이 문벌 있는 자손을 능멸하는 자

—『퇴계집』「향입약조서」中

위의 벌목에서 극벌은 공동체 질서를 무너뜨리는 죄들이 해

당한다. 가족 간의 인륜을 저버리거나, 관부 및 유향소의 권위를 위협하는 죄를 가장 무겁게 다스렸다. 중벌에 해당하는 벌목도 공동체 질서와 관련되어 있는데, 극벌과 비교한다면 일반적인 윤리규범과 사회의식 준수에 가깝다. 하벌은 유향소 집회 때 발생하는 소란을 통제하기 위하여 규정한 것이다. 유향소가 통제하는 향리와 일반 하층민에 대한 규정은 기타 벌목으로 구분하였다.

퇴계향약에서는 유학적 윤리관을 바탕으로 유향소의 책임을 보다 명확하게 규정하고 있다. 향촌 공동체를 유지하는 데 있어서 반드시 필요한 도덕적 책임감을 유향소에 부여한 것이다. 한편으로 유향소를 주도하는 사대부의 권위도 강조하고 있다. 한 고을의 풍속을 책임지고 있는 만큼, 중간 계층인 향리와 서얼, 일반 하층민과의 위계를 명확히 하되, 이것을 어겼을 경우 향약의 벌목으로 직접 통제하였다.

이이는 정부에서 '선민생'을 내세우며, 정령으로 향약을 시행하는 것에 대하여 유보적인 입장을 취했었다. 그럼에도 불구하고 향촌에서는 누구보다 향약 제정에 적극적이었다. 특히 이이는 1574년 황해도관찰사로 부임한 후 해주에서 실시하기 위하여, 해주향약海州鄕約과 해주일향약속海州一鄕約을 제정하였다. 이 가운데 해주일향약속은 한 고을 전체를 대상으로 하는 해주

향약과 별개로 유향소 구성원을 대상으로 제정한 향약이다. 벌목만 제정해 놓은 퇴계향약과 달리 주자증손향약을 보다 구체적으로 차용하였다.

> 무릇 한 고을에는 네 가지의 약속이 있다. 하나는 덕업상권, 둘은 과실상규, 셋은 예속상규, 넷은 환난상휼이다. 무릇 선과 악이 겉으로 특별하게 드러난 자는 선적과 악적에 적어 두되, 과오를 고치면 이를 말소한다.
>
> ―『율곡전서』「해주일향약속海州―鄕約束」中

해주일향약속은 유향소에서 실시하는 것이지만, 그 운영 규정의 골자는 주자증손여씨향약이다. 향약의 4대 강목에 맞추어 유향소 규정을 배정하였다. 봄과 가을 강신 때 향약을 읽는 독약의 의례도 예속상교 조항에 수록해 놓았다. 선적과 악적에는 유향소 구성원뿐만 아니라, 향리·서원書員·관인官人 등 고을 행정의 실무를 보는 중간 계층의 행실도 기록되었다. 특히 과실상규 조항에서는 향임鄕任(유향소 임원) 자리를 몰래 청탁하는 자, 유향소에서 공무를 빙자하여 사익을 도모하는 자, 환곡을 거둘 때 사사로운 뇌물을 받아 백성에게 폐해를 끼친 자 등을 상벌上罰로 다스린다고 규정해 놓았다. 이는 유향소 기능에서 인사와 조

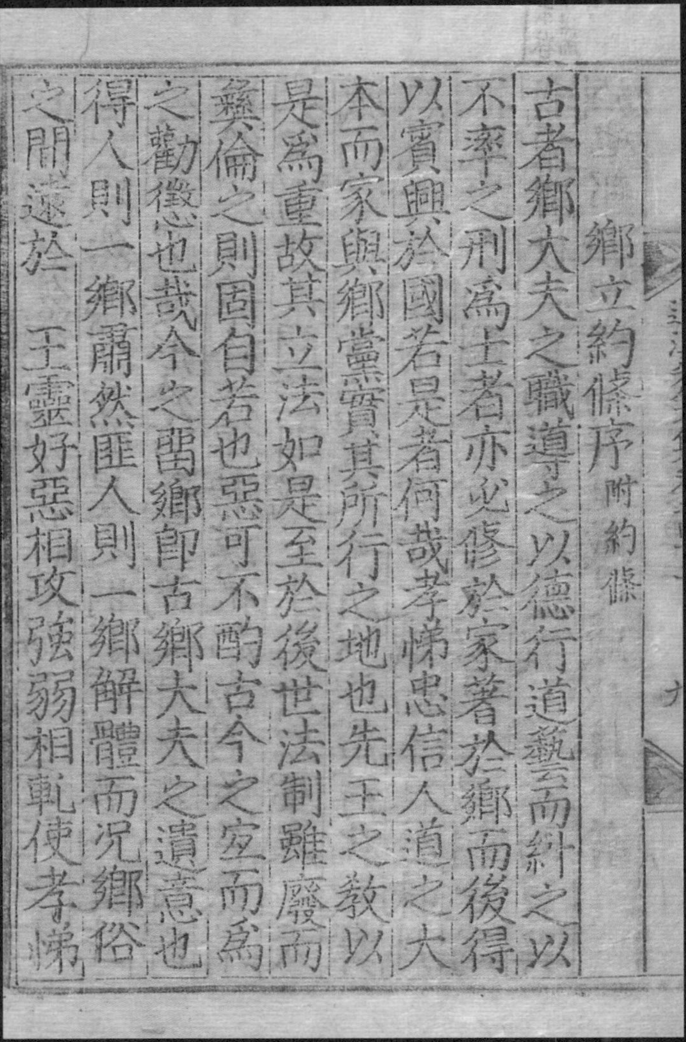

古者鄉大夫之職導之以德行道藝而紏之以
不率之刑爲士者亦必修於家而後得
以實興於國若是著何哉孝悌忠信人道之大
本而家與鄉黨實其所行之地也先王之敎以
是爲重故其立法如是至於後世法制雖廢而
藥倫之則固自若也惡可不酌古今之宜而爲
之勸懲也哉今之㢠鄉卽古鄉大夫之遺意也
得人則一鄉爾然匪人則一鄉解體而况鄉俗
文間遠於　王靈好惡相攻強弱相軋使孝悌

鄉立約條序 附約條

그림 6 이황의 향입약조, 영남대학교 중앙도서관

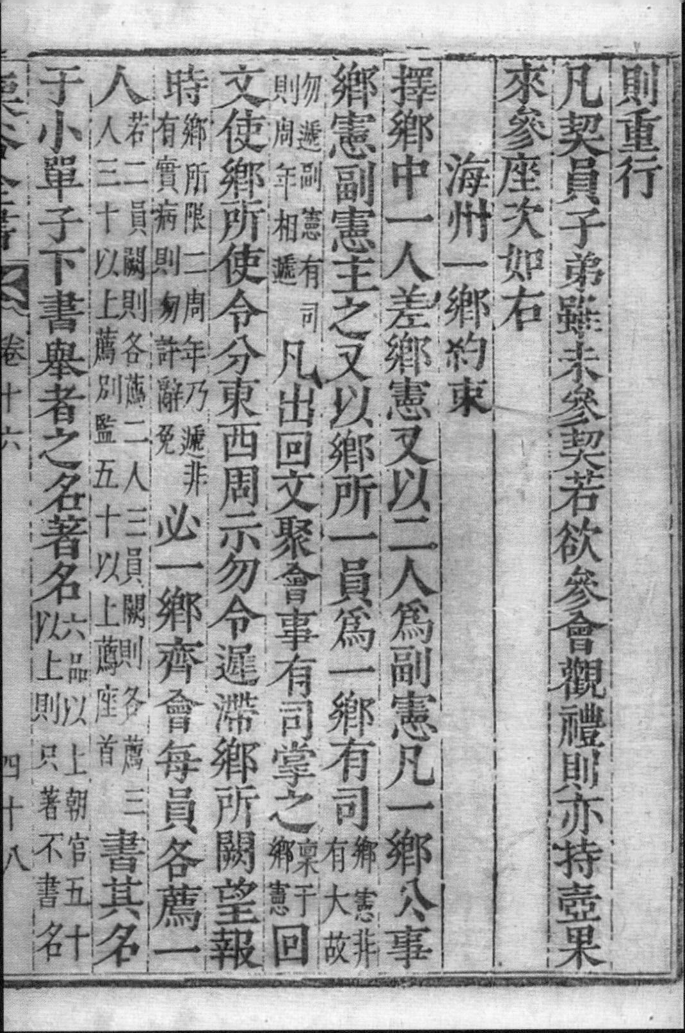
則重行
凡契員子弟雖未參契若欲參會觀禮則亦持壺果
來參座次如右
海州一鄕約束
擇鄕中一人差鄕憲又以二人爲副憲凡一鄕公事
鄕憲副憲主之又以鄕所一員爲一鄕有司鄕憲非有大故
勿遞副憲有司則周年相遞凡出回文聚會事有司掌之稟于鄕憲回
文使鄕所使令分東西周示勿令遲滯鄕所闕望報
時鄕所限二周年乃遞非有實病則勿許辭免必一鄕齊會每員各薦一
人若二員闕則各薦二人三員闕則各薦三人人三十以上薦別監五十以上薦座首書其名
于小單子下書舉者之名著名六品以上朝官五十以上則只著不書名
栗谷全書 卷十六 四十八

그림 7 이이의 해주일향약속, 영남대학교 중앙도서관

세 업무가 중요한 비중을 차지하고 있음을 보여 주는 대목이다.

이처럼 이황과 이이는 성리학 이론뿐만 아니라, 그것의 실천과 성리학적 이상향이 반영된 향촌사회 구현을 위하여 향약을 제정하였다. 그리고 향약의 실천할 주체로 유향소를 주목하였다. 종전까지 유향소는 중앙 정부에 의해 '향원鄕原'으로 지목받기도 했다. 향원은 공자가 말한 '도덕의 적賊'이다. 향원은 시골에 사는 사람으로서 어느 정도 지위를 가지고 있지만, 근후한 척하면서도 세상의 부조리와 영합하였다. 향원은 바로 세속의 병폐를 조장하는 세력을 뜻한다.

그런 가운데 이황과 이이가 유향소에 향약을 접목함으로써, 유향소에 대한 인식 전환을 이끌어 내었다. 유향소는 교화의 주체로서 성리학적 명분을 부여받은 것이다. 이 때문에 16-17세기 동안 사대부 문화의 성숙과 더불어 유향소의 권위도 높아질 수 있었다.

그러나 부작용도 적지 않았다. 예컨대 현대의 지방 의회는 풀뿌리 민주주의를 명분으로 운영되고 있지만, 공론이라는 미명하에 지방 세력 간의 이해관계가 첨예하게 대립하는 곳이다. 공무를 빙자해 사리사욕을 챙기는 일은 그때나 지금이나 빈번히 일어났다. 그중에서도 가장 시끄러운 일은 향안 입록이었다.

향안을 둘러싼 여러 갈등

향안은 유향소 구성원의 명부이다. 향약에서 이야기하는 세 가지 장부 중 하나가 여기에 해당한다. 향안에 이름이 올라가면 유향소 운영에 참여할 수 있으며, 여기서 덕망을 쌓으면 향대부와 비견되는 명망을 얻을 수 있다. 향촌사회의 여러 사대부들은 향안에 이름을 올리기 위해 노력하였다.

하지만 그 과정에서 유향소 구성원 간에, 또는 유향소에 참여하고자 하는 신흥 세력과 이를 막으려는 구舊 세력 간에 충돌이 빈번하게 일어났다.

예조 참판 윤유尹游가 아뢰기를 "서관西關[평안도]은 … 그런데 국가에서 거두어 쓰지 않기 때문에 이런 사람들이 자포자기하여 향소鄕所[유향소]의 감관監官이 됩니다. 무변수령武弁守令은 친밀하게 지내고 결탁하여 관아의 일을 의논하는데, 그 사이에 본래 엄청난 이익이 있기 때문에 향소의 감관에 다투어서 차임되기를 도모합니다. 무릇 향안에 들어간 뒤에야 향임이 될 수 있기 때문에 향임을 다투는 폐단이 너무 심합니다. 향안에 들어가려는 자는 심지어 예전禮錢을 바치는 규정이 있어서, 비록 향품鄕品이라도 가난한 자는 들어갈 수 없고, 비록 어제 면천免賤하거나 오늘 군적에서 탈하頉下된 자라도 재물이 있으면 들어갈 수 있습니다. 신임 감사가 부임한 초기에는 태반이 이러한 무리가 서로 다투는 상황이니, 풍습이 지극히 해괴합니다. 그러므로 신도 바로잡고자 하였으나 습관이 천성처럼 되어 개혁하지 못하였습니다."

— 『승정원일기』 영조 5년 11월 28일 기사 中

위의 글은 평안도관찰사를 지낸 윤유가 1729년(영조 5) 영조에게 아뢴 말이다. 평안도 출신은 지역 차별 때문에 과거시험에 합격해도 나라에서 중용하지 않았다. 그래서 평안도 사대부들은 향촌에서 지위를 유지하기 위해 유향소 참여에 매진하였다. 기존의 사대부뿐만 아니라 신분 상승을 도모하는 자들도 같은 방법을 선택하였기에 향안 입록을 둘러싸고 갈등이 일어날 수밖에 없었다. 심지어 예전이라 불리는 금품까지 오고 가니, 과연 향안 입록은 평안도 지방의 고질적인 문제였다.

그런데 이러한 갈등 양상은 특정 지역이나 한두 고을만의 문제가 아니었다. 향안 입록에 사회적 권위가 부여되었을 뿐만 아니라, 이를 매개로 특권을 행사할 수 있었다. 조선 후기에 이르러 사회·경제적 변화 속에 양반 사대부는 증가하지만, 조선 왕조의 시스템은 이들을 효율적으로 수용하지 못하였다. 그럴 수록 향촌사회 내 지휘 확보에 주력하였고, 그 과정에서 많은 갈등이 발생하였다.

현재 전하는 유향소 관련 자료에는 이러한 갈등 양상이 좀 더 다채롭게 나타난다. 대표적인 사례로 경상남도 거창 지역에 전해지는 『거창향안』의 서문을 살펴보도록 하겠다.

> 아! 우리 고을에 이 장부가 있었음은 오래되었다. … 근래에 김재만金再縵이 향중에서 벌을 받음에 스스로 반성할 줄 모르고, 자물쇠를 두드려 깨트리고 마음대로 향적鄕籍[향안]을 꺼내어 향원의 성명을 칼로 오려냄을 거리낌 없이 했으니 이를 참을 수 있겠는가! … 이름이 가득히 적힌 책이 칼질한 흔적으로 낭자하게 찢겨져 있어 이를 눈으로 접해 보니, 차마 바로 볼 수 없다.
>
> —『거창향안』 1677년 정유년丁惟荦 서문 中

내가 새로 부임했던 초기에 옛사람들의 뜻에 어긋남이 있어 분개했는데, 이 고을을 가만히 살펴보니 풍속과 기색이 당파로 끌어들이려고 생각함을 능사로 여겨 옛

날의 향적이 세 갈래로 나누어져서 저마다 명목을 세우고 싸웠다. 이로 인하여 배척하고 알력을 다투는 것이 습관이 되었고 폐단은 심해져 자기와 당파가 다른 자는 우물에 돌을 던지듯 하고 나와 같은 자는 하늘에 뽐내는 듯하며, 스스로 만족해 여기는 모양이 또한 심하다. 이것이 어찌 우리 성상聖上께서 탕평책蕩平策을 써서 한결같이 빛나게 하시려는 뜻이겠는가! … 내 또한 즐거이 듣고 한 책자로 묶어서 비단으로 잘 단장해 그 지내온 것을 정밀히 하여 세 가지를 합해 하나로 만들었다.

— 『거창향안』 1744년 이장오李章吾 서문 中

조정으로부터 여러 고을에 이르기까지 모두 통청通淸을 허락함이 있었는데, 오직 우리 거창만 홀로 성상의 하교를 따르지 않으리오. 아! 이 고을이 교남嶠南[영남]의 벽지에 있으면서 겸양의 풍속이 이미 멀어졌고 배척하며 알력을 다투는 습성이 크게 많아져 혹자는 사적인 것으로 인해 공적인 것을 병들게 하며 간혹 공적인 것을 빙자해 사적인 것을 즐기는 자가 있으니 어찌 통탄함을 이기겠는가! 이제 통청하오니 한결같이 성상의 하교를 따라서 여러 사람의 의견이 일치되었도다.
… 우러러 현인의 훈계를 받들어 구부려서는 향원의
의논을 쫓아 반서班庶된 자는 올려 주고, 반서가 아닌
자는 물리쳐서 신구 향안을 합치니 300년 동안 전에 없
던 아름다운 책이 이루어졌도다.

—『거창향안』 서문[18세기 후반 이후 작성] 中

조선 후기 거창 지역에서는 다양한 향촌사회의 갈등 양상이
향안 작성 반영되었다. 갈등 때문에 향안이 훼손되기도 하고,
복수의 향안이 만들어지기도 했던 것이다. 그러한 갈등이 중재
될 때마다 새롭게 향안을 중수하였고, 그 경위를 밝힌 여러 편

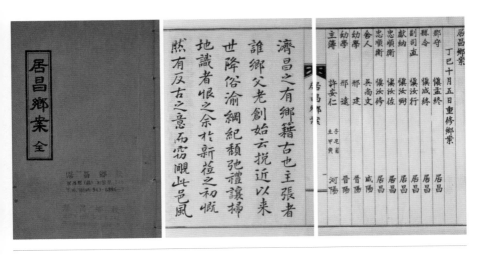

그림 8 『거창향안』(좌) 수록 정유년의 서문(중)과 좌목(우), 거창향교

의 서문이 작성되었다. 위에 소개한 세 편의 서문은 당시 향안 입록 때문에 발생한 갈등 양상이 축약되어 있다.

위에 소개한 『거창향안』의 첫 번째 서문은 1677년 향안을 중수하면서 정유년이라는 사대부가 작성한 것이다. 1677년 중수는 향안 훼손이 원인이 되었다. 이에 앞서 김재만이라는 자가 어떠한 이유로 향중에서 벌을 받았다. 무슨 일 때문에 벌을 받았는지는 알 수 없으나, 매우 억울했던 것으로 보인다. 그래서 향안을 보관하고 있는 궤짝의 자물쇠를 파괴하고 향안을 탈취한 후 거기에 기재된 여러 향원의 이름을 칼로 도려내었다. 이름이 잘린 인사들은 아마 김재만이 원한을 품은 자들과 그들의 선대일 것이다.

그런데 향안에 기록된 향원의 이름은 김재만의 사례처럼 우발적으로 훼손되기도 했지만, 공론에 따라 향중 또는 나라에 죄를 지은 자의 이름을 훼손하는 경우도 많았다. 향안과 같은 명부에서 그 이름을 제거되는 것을 '삭적削籍'이라고 하는데, 그것은 향안에 기재된 이름을 노란 종이로 가리는 '부황付黃', 이름을 도려내는 '도할刀割'의 형태로 이루어졌다.

예컨대 경상도 상주 지역의 향안인 『상산향언록商山鄕彦錄』 상권에는 16세기부터 1727년까지 총 1,972명의 향원을 수록해 놓았는데, 군데군데 '부황'으로 삭적한 흔적을 찾을 수 있다. 삭적

을 당한 인사 중에는 강홍립姜弘立이 눈에 띈다. 그는 1619년 사
르후 전투에서 조명연합군의 일원으로 만주족의 후금後金과 싸
우다가 포로가 되었는데, 훗날 정묘호란이 일어나자 후금 병사
와 함께 조선으로 쳐들어 왔다. 그는 사림에 의해 의리를 저버
린 적신賊臣으로 지목되었다. 그래서 상주의 사대부들도 향안에
올려진 그를 삭적하였고, 부황된 채로 향안에 이름이 남아 있다.

반면, 홍익귀洪益龜는 삭적되었지만, 사후 풀려난 사례이다.
그는 1728년(영조 4) 일어난 무신난戊申亂에 연루되었다. 당시 충
청도의 강경 소론과 경상도의 강경 남인 세력이 연합하여, 노론
정권에 대응하는 무신난을 일으켰다. 이 난의 주동자가 이인좌
李麟佐인데, 그의 매부가 바로 홍익귀이다. 난이 진압된 후 홍익

그림 9 『상산향언록』에서 삭적된 강홍립(가운데 사진 가장 좌측)과 부황되었던 홍익귀(우측 사진 우측에서 세 번째)

귀도 여기에 연루되어 귀양을 갔다가 유배지에서 생을 마감하였다. 홍익귀는 역률逆律에 저촉되었기 때문에 상주 지역 향안에서 삭적되었다. 그러나 훗날 신원이 이루어져 부활된 노란 종이를 떼어 내고, 향안의 홍익귀 이름 아래에다가 "무신년에 귀양 갔으며, 갑자년에 신원되었다戊申罪謫甲子伸雪"라는 글귀를 부기하였다. 신원으로 삭적에서 회복되었지만, 『상산향언록』의 홍익귀 이름에는 붙여졌던 노란 종이의 흔적이 아직 남아 있다.

강홍립과 홍익귀는 정치적 문제에 연루된 사례이다. 그래서 상주 사대부들이 공론에 의거하여 향안에서 이름을 삭적하였다. 이러한 사례는 보다 특수한 사례이며, 거창의 김재만처럼 향중 문제로 삭적되는 경우가 많았다.

경상남도 창원향교에는 향안을 비롯해 17세기 유향소 운영 과정에서 생산된 고문서 자료가 전한다. 1608년(선조 41) 창원 유향소에서 제정한 「향중입의鄕中立議」에는 다음과 같은 삭적 규정이 있다.

하나. 젊은이가 어른을 능멸하고 언사가 공손하지 않은 자는 삭적할 일.
하나. 말을 꾸미고 모함하여 붕반朋班을 이간질하는 자는 삭적하고 뒤에는 천임賤任을 정해 맡길 일.

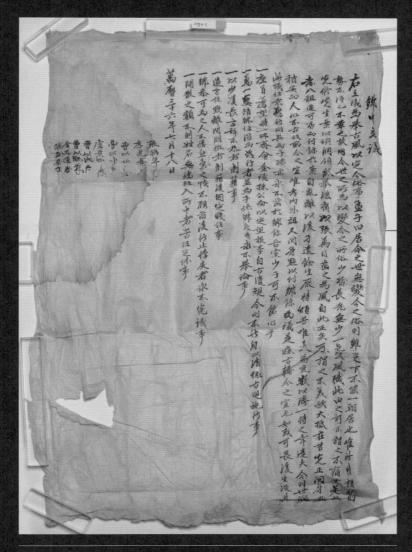

鄕中立議

右立議爲來古風以定今俗事 盖子回居之世無變今之俗則鄉 芝下不從一朝居此唯此情須預 勢乃以泮山不華也故同今世之一時爲以變之之所以少踰長先充無少一起次風職此由之初而訓之不稱又矣以 先作先生業以卿侗倚絲基後萌張爲目齒之爲風自此正矣可謂之不氣欲大抵在苦矣正同身比老人祖通可卷而付鈴此世皆可亂離以後乃遺 餘生歷持頃苦惟其之爲充有 數以嗇一時之年達大今明世曆

稍安祖之人仁在於政訥今之宜唯方內外祖天周身過以付鄕鋒爲議是孫古輔今之宜此如氣可長俊生沒芷此識任苦歲義行則其爲子孫誠永石萬松鄉鋒苦當少子可不飾心乎

一坐首若聖諱鄕奇令金禄捸公俞以必坒報季自古識現今則不忕月以淸俄似古廷施行事
一嵩一東淸鄕任涇再造行者近爲子孫鄕交尙諝不柴淪事
一以少淩長吉訥无恭者聞諱事
一造言執興離門朋經者削掮後固必踐任事
一鄕奋可爲之人侑靡兄氣之懺方頉尙淩行止悖失者永石兒議事
一開散之顯石刺姓名無檢幷人兩中弄苦任徐事

萬曆 三十六年七月十八日

張珹年卬
李旻奉卬
曹玖小卬
曹以敵卬
帶以此卬
盧憲小卬
曹敏惠卬
金鳴連昔
張敃連芍

그림 10 창원유향소, 1608년 「향중입의」 창원향교

하나. 할 일 없는 자들과 허황된 무리들로 성명을 살피지 않았는데, 까닭 없이 경솔히 향소에 들어온 자들은 먼저 고임品任을 정해 맡길 일.

— 창원 유향소, 「향중입의鄕中立議」中

창원에서는 유향소를 중심으로 구축된 향촌질서를 어기거나, 붕반이라 부른 동료 사대부를 모함했을 경우 삭적한다고 규정하였다. 또한 자격이 안 되는 자들이 입록되었다가 적발될 경우 남들이 기피하는 고임을 맡겼다. 삭적은 여러 향원의 공론에 의해 결정되었으며, 합의된 내용은 완의完議라는 문서로 남겨졌다. 이와 관련해 1624년 창원 유향소에서 작성된 「향중완의」에는 향원 이용즙李用楫이 조카를 시켜, 유향소의 수임首任인 좌수座首를 모함했다는 이유로 삭적한 사실이 결의되어 있다. 또한 1631년에는 박구朴耉가 붕반인 김순金錞을 모함했다고 하여, 그를 삭적하는 완의가 작성되었다.

자격에 맞지 않는 인사를 추천해도 삭적되었다. 1667년 향원 김이견金以堅은 자신의 추천으로 입록된 향원 중에 1-2인이 미자격자라는 것이 밝혀지자 창원 유향소에 단자單子를 올려 스스로 삭적해 줄 것을 요청하였다. 같은 해 창원 유향소의 이세필李世弼이라는 자는 집안사람들하고만 의논해서 유향소 임원인 별감別監을 추천하여, 다른 향원의 불만을 사게 되었다. 결국 이세필도 단자를 올려 스스로 삭적해 줄 것을 요청하였다. 김이견과 이세필은 자신과 이해관계가 깊은 자를 향안에 입록시키려 하다가, 다른 향원의 반발로 처벌을 받은 사례이다.

이러한 삭적은 향중 공론에 의거한 것이며, 당사자의 수긍을 전제하고 이루어졌다. 삭적이 되면 한동안 유향소 일에 참여할 수 없었으며, 다시 참여할 경우 고임을 맡거나 여러 향원들에게 접대를 하는 것이 관행이었다. 하지만 유향소에 권위가 있어야지 삭적도 순조롭게 진행될 수 있었다. 갈등이 조정되지 못하면 거창의 김재만처럼 향안을 칼로 훼손하는 일이 발생하였다.

칼로 이름을 도려내는 도할은 부황과 차원이 다른 극단적인 조치이다. 부황으로 삭적을 표시했을 경우 시간이 흘러 정상이 참작되면, 노란 종이를 떼고 다시 향안에 이름을 올릴 수 있다. 반면, 도할은 복구가 불가능하게 완전히 향안에서 이름을 삭제하는 것이다. 향중에서 공존이 불가능함을 의미한다. 도할은 문제를 일으킨 당사자에게만 적용하지 않는다. 사안의 경중에 따라 특정 가문에 해당하는 인사를 모두 도할하는 경우도 있었다. 특히 해당 가문이 유향소의 공론과 다른 길을 택할 경우, 비록 세상을 떠난 선배 향원일지라도, 그 선대까지 모두 도할해 버리는 것이다.

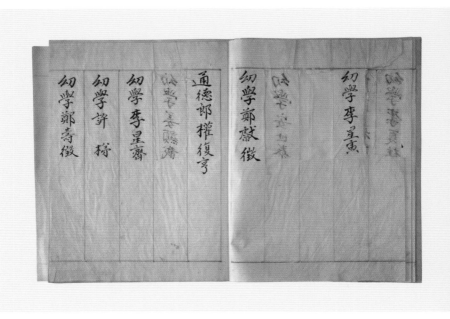

도할 흔적이 많은 1697년 「의령향안」 의령향교

　　그런데 향안 운영과 둘러싼 가장 심각한 갈등은 『거창향안』
의 두 번째 서문에서 확인할 수 있다. 바로 향안 분록分錄이다.
이 서문은 1744년 거창부사居昌府使 이장오가 썼다. 그는 1743년
거창부사로 부임하였다. 부임지에서 이장오는 거창의 오래된
갈등을 목도하게 된다. 향안 때문에 사대부들이 서로 갈등하였
고, 그 결과 무려 세 개에 이르는 향적, 즉 향안이 만들어졌던
것이다. 이장오는 그 원인이 당파 때문이라고 하였다. 조선 후
기 지방의 사대부들도 중앙의 관료처럼, 각기 당색黨色을 가지

고 있었다. 사대부라면 으레 노론·소론·북인·남인 이른바 사색붕당四色朋黨 중 하나에 가담하였고, 해당 당색과 연결된 학파學派의 일원으로 활동하였다. 중앙의 각 붕당이 권력을 차지하기 위해 경쟁하듯이, 거창 지역의 사대부들도 각기 향권鄕權을 주도하기 위하여, 이왕이면 같은 당색의 인사를 향안에 입록시키고자 했다. 그런 가운데 특정 당색에게 치우친 향안 입록이 이루어지자, 이를 인정하지 않는 세력들이 별도의 향안을 만들어 세 개의 향안이 존재하게 되었다.

실제 거창에서는 1728년에 일어난 무신난이 분록의 중요한 계기가 되었던 것으로 보인다. 무신난 때 경상도에서는 거창과 이웃한 안음安陰에서 남인계 사대부 정희량鄭希亮이 이인좌를 도와 난을 일으켰다. 정희량 부대는 한동안 거창을 점령하였는데, 그 과정에서 끝까지 저항하던 거창 좌수 이술원李述源이 죽임을 당하였다. 난이 진압된 후 거창·안음의 남인들은 크게 위축될 수밖에 없었다. 이 틈을 타서 이술원과 관계있는 노론 계열이 세력을 확장하는데, 그 방법 중 하나가 향안 입록이었다. 노론 세력은 향안에 자파 세력을 다수 입록시키려 했고, 기존의 남인은 당연히 반발하였을 것이다. 결국 향론이 통일되지 못하고 세 개에 이르는 향안이 만들어지고 말았다. 이러한 갈등을 봉합하기 위하여 거창부사 이장오는 당시 정부의 국정 기조였던 탕평

책을 내세워 향안을 통합하였다.

비슷한 시기 상주에서도 복수의 향안이 작성되었다. 앞서 언급하였듯이 상주 지역도 무신난을 빗겨 나지 못하였다. 홍익귀처럼 무신난에 연루된 인사는 유배되었다. 그리고 얼마 후 홍암서원興巖書院에서 『상산향언록』과 별개의 향안을 작성하게 된다. 홍암서원은 노론계 산림학자인 송준길宋浚吉을 제향한 서원으로 상주 지역 노론의 중심지였다. 무신난이 진압된 후 남인 세력이 주도하던 기존의 상주 지역 향권은 재편되었고, 그 과정에서 향안 분록이 이루어졌던 것이다.

마지막으로 살펴볼 『거창향안』의 세 번째 서문은 찬자가 명시되어 있지 않으며, 작성 시기도 명확하지 않다. 다만 서얼에 대한 통청이 언급된 것으로 보아 18세기 후반 이후에 작성된 것으로 보인다. 이 서문에는 새로운 신분 계층의 향안 참여가 나타난다.

16-17세기 유향소가 향촌 자치기구로서의 권위가 높았을 때, 향안 입록 자격은 매우 엄격하였다. 심지어 청요직淸要職의 상징인 홍문관弘文館에 견주어 "홍문록은 쉬워도 향안은 어렵다"라는 말이 돌았다. 홍문록은 조선시대 홍문관 관원의 후보자로 간선된 사람을 뜻하는데, 개인적인 학문적 자질뿐만 아니라 훌륭한 가문 출신이어야지 여기에 들 수 있었다. 향안도 이를 따

라 지역에서 명망 있는 세족世族 출신이 아니라면 입록을 제한했는데, 대체로 그 기준은 삼향三鄕이었다. 삼향은 본향本鄕·외향外鄕·처향妻鄕을 가리킨다. 본가뿐만 아니라, 외가와 처가의 혈통에 중인·서얼·하층민과 혼인 관계가 있을 경우 향안 입록을 제한하였던 것이다. 이는 향안의 신분적 배타성을 잘 보여주는 대목이다.

이와 관련해 1608년 제정된 창원 유향소는 입록 자격을 다음과 같이 규정하였다.

> 무릇 옛 선정先正들은 신점身點하여 뽑을 때 8조八祖를 살펴보고 가부를 따져서 향안에 기록하였는데, 난리 이후로 겨우 살아남은 자들이 번거롭고 고달픈 것을 싫어하여, 오직 그 8조의 수를 구차하게 채워도 일시의 다행이라고 여겼다. 지금에 이르러서는 세상의 변란이 조금 안정되었으나 인심이 예전 같지 않은 까닭에 오늘날에도 그대로 적용해서 오로지 내외조만 보고 신점하여 뽑아 향록에 붙이는 것으로써 의논을 하니, 옛 것을 가려서 지금을 돕는 것이 마땅하다.
>
> — 창원 유향소, 1608년 「향중입의」 中

창원 유향소에서는 삼향이 아니라 8조를 살펴보고 입록 자격을 따졌다고 한다. 물론 8조를 거론한 것은 향안의 권위를 높이기 위한 과장된 표현으로 보인다. 어찌되었던 임진왜란 이전까지 창원에서는 향안 입록 자격을 엄격하게 제한하였으나, 전란 이후 내외조만 살펴보는 것으로 완화되었다.

　사회·경제적 변화 속에 이른바 신향新鄕이라 불리는 새로운 사대부 계층이 등장하였다. 이들 또한 향촌에서의 지위를 확보하기 위해 향안 입록을 요구하였고, 그 과정에서 입록 제한도 완화되어 갔던 것이다. 특히 주목되는 점은 조선 후기 신향의 핵심인 서얼의 향안 입록이다. 서얼은 사대부 가문의 혈통을 가지고 있지만, 과거시험 응시와 품계 승급에서 법제적 차별을 받을 뿐만 아니라, 향촌사회에서도 다른 사대부로부터 많은 차별을 당하고 있었다. 이에 18세기 이후부터 조직적으로 정부에 청원하여 '통청'을 통해, 유향소·향교·서원 등 향촌기구 참여를 요구하였다.

　영조 연간 서얼에 대한 향안 통청을 허락한 적이 있지만, 전통적인 사대부 계층의 반발을 우려하여 곧 중지되었다. 그러나 서얼들은 꾸준히 통청을 요구하였다. 결국 1778년 정조는 향안 통청을 지시하였고, 1782년에는 서얼의 향임 선발까지 허락하게 된다. 이 무렵 거창 유향소도 정부의 지시에 따라 '반서班庶',

즉 양반 사대부 가문의 서얼 후손에 대한 향안 통청을 결정하였다. 이처럼 유향소는 새롭게 등장한 향촌 세력이 사회적 지위를 상승시키는 교두보가 되었던 곳이다.

4

_____

자치와 관치 사이,
수령 주도 관변적
주현향약의 성격과 한계

조선의 법전인 『경국대전經國大典』에는 수령의 통치 행위를 평가하는 고과考課 조항으로 '수령7사守令七事'가 규정되어 있다. 농사와 양잠의 흥성인 '농상성農桑盛', 호구의 증가인 '호구증戶口增', 학교의 진흥인 '학교흥學校興', 군정의 바른 처리인 '군정수軍政修', 부역의 균등인 '부역균賦役均', 송사의 간명한 처리인 '사송간詞訟簡', 간사하고 교활한 풍속을 없애는 '간활식奸猾息' 등 일곱 가지가 지방 통치에서 수령이 힘써야 할 사항이다. 이처럼 수령은 한 고을의 행정뿐만 아니라, 경제·군사·교육·사법 등 실로 광범위한 분야를 책임져야만 했다. 따라서 뜻있는 수령들은 통치의 효율성을 높이는 방안을 고심하였다.

　향약은 자치 규약을 표방하고 있지만, 규약 중 상당 부분은 질서 유지에 기본이 되는 자기 규제에 해당한다. 향약 시행의 목적도 향촌질서를 안정시키는 데 있다. 원활한 지방 통치를 도모하던 수령들은 이러한 향약의 효용성을 주목하였다. 앞서 살펴보았듯이 중종 연간 김안국과 기묘사림 출신의 수령들이 향약 시행을 통해 효과를 본 적이 있었다. 당시 정부도 지방 통치의 효용성을 높이기 위하여, 사림파의 건의에 따라 향약을 간행·배포하였다. 기묘사화 이후 정부 주도의 향약 시행은 중단되었지만, 그 효용성을 주목한 수령들은 개별적으로 향약을 시행하곤 했다.

수령 주도의 향약은 대개 고을 단위로 시행되었기에 주현향약州縣鄕約이라고도 일컫는다. 수령이 주현향약을 실시할 경우 기존의 자치 조직인 유향소나, 하위 행정 체계인 면리面里 조직과 접목시키는 방법을 많이 선택하였다.

유향소와 향약의 접목은 일찍이 이황과 이이에 의해 시도되었다. 그들의 문인 집단도 주자 성리학의 실천이라는 측면에서, 제각기 유향소를 중심으로 향약을 시행하였다. 그중에는 수령 재임 중 부임지에서 향약을 시행한 인사도 있다. 주현향약의 형태는 부임지의 특성과 해당 수령의 구상에 따라 다양하였는데, 여기서는 김세렴金世濂(1593-1646)과 이헌영李𨯶永(1837-1908)의 사례를 살펴보고자 한다.

若其飭躬謹言事親接物之方非不使應說乃古
聖賢謨訓觀者毋以爲僭幸甚崇禎紀元之五年
壬申季秋後學金世濂識

玄風縣鄉約

凡鄉之約四一曰德業相勸二曰過失相規三曰禮
俗相交四曰患難相恤

事父毋盡其誠孝

敎子弟必以義方

尊衛長上

友愛兄弟

먼저 김세렴은 퇴계 이황의 학통을 계승한 인사로서, 1632년 (인조 10) 현풍현감玄風縣監으로 부임하였다. 이곳에서 김세렴은 퇴계향약을 계승한 '현풍현향약'을 제정하였다. 이 향약은 현풍의 별호를 따서 '포산향약苞山鄕約' 또는 '포산약조苞山約條'라고도 불리는데, 그 내용은 이황의 문인인 김기金圻(1547-1603)의 향약과 거의 비슷하다.

현풍현향약의 조항은 기본적으로 주자증손여씨향약의 4대 강목을 따르고 있지만, 과실상규 조항은 퇴계향약처럼 극벌·중벌·하벌 및 기타 벌목으로만 구성하였다. 예속상교는 주자증손여씨향약의 예속상교 조항 중에서도 연장자를 섬기는 것과 이작異爵, 즉 특별히 벼슬이 있는 자를 예우하는 규정을 인용해 놓았다. 환난상휼 조항은 후술할 '온계동계溫溪洞契'의 상호부조 규정을 따르고 있다.

현풍현향약에는 4대 강목 이외에도 향약의 조직 및 운영과 관련해 10개 조의 추가 규정이 있는데, 그중에서도 다음 조항이 주목된다.

> 하나. 나이와 덕망이 높은 사람을 추대하여 도약정으로 삼는다. … 덕행이 훌륭한 두 사람을 뽑아 부약정으로 삼되, 그중에 하나는 향좌수鄕座首가 겸임한다. … 학

행이 있는 사람 한 명을 정밀하게 잘 선택해 직월로 삼는다. 각면各面에는 약정 한 사람을 선택하여 정한다. … 각면의 하인下人 가운데 공손함이 있고 연로한 자 한 사람을 별도로 선택해 각면 향약소鄕約所의 이정里正이라 칭한다. 열 집에서 각각 한 사람을 내어 행수行首라 칭하고, 향약의 권유와 규검糾檢의 일을 맡긴다.

하나. 무거운 죄는 관사에 보고하고, 가벼운 죄는 태笞 20대를 한도로 논단한다. 태 30대 이상은 관의 결정에 따른다.

하나. 봄과 가을에 강신례를 행한다. 대·소·상·하인이 모두 모이되 품관이 하나의 청廳을 이루고, 서얼이 한 청을 이룬다. … 향리도 한 청을 이루며 … 하인도 한 청을 이루는데 하인은 남녀가 모두 모이되, 남자는 왼쪽, 여자는 오른쪽에 자리한다. 각기 수대로 좌정하여 예를 행하는데, 별도로 좌중에서 한 사람을 뽑아 향약 일편을 소리 내어 읽는다. 다만 4조는 우리말로 풀이해 주어서 사람들로 하여금 들어서 환하게 깨닫지 못하는 것이 없도록 한다. 함께 화목의 도리를 가르치고, 이어서 향음주의鄕飮酒義를 따라 술을 따라 올리며 실컷 다 논 후에 파한다.

현풍현향약의 대표는 도약정으로 나이가 많고 덕이 있는 자를 추천해서 뽑았다. 또한 덕행이 있는 자 두 사람을 부약정으로 삼았는데, 한 사람은 유향소의 수임首任인 좌수가 겸직하였다. 주현향약이 유향소 조직과 연계되는 양상을 보여 준다.

주현향약의 또 다른 특징 중 하나가 면리 조직을 적극 활용했다는 점이다. 조선 후기 중앙집권체제의 강화 속에 지방의 하위 행정 구조는 면리 체제로 정착하였다. 조선 전기까지 독자적인 치소治所와 향리를 갖추고 있던 향·소·부곡鄉所部曲 및 속현屬縣과 같은 지역이 면面과 리里로 재편된 것이다. 면리에는 각각 면임面任과 이임里任이 임명되어 부세賦稅 행정을 비롯해 각종 관령을 수행하였다. 그런 가운데 김세렴은 고을 단위의 교화 체계를 구축하기 위해, 면임·이임 조직과 별개로 면리 단위의 향약 조직을 구상하였던 것이다.

현풍현향약에서는 덕망과 학행이 있는 자를 면 단위 향약의 책임자인 약정으로 임명하였다. 약정은 사대부 계층에서 선발하였으며, 하인 중에서 나이가 많고 근면한 자 한 사람을 향약소 이정으로 뽑았다. 이정에게는 해당 면의 향약을 보좌하는 임무를 부여하였다. 또한 열 집마다 향약을 수행하는 행수를 뽑았는데, 이는 조선의 최말단 행정 체계인 오가작통五家作統의 통수統首와 견줄 수 있다.

주현향약의 임원 임명은 기본적으로 구성원 간의 추천으로 이루어졌으나, 최종 결정권은 수령이 가지고 있었다. 수령은 주현향약을 통해 행정뿐만 아니라 자치계통의 교화 체계까지 총괄함으로써, 자신의 권위를 높이고 원활한 지방 통치를 도모할 수 있었다.

한편, 현풍현향약에는 향촌에서 일어나는 죄목 중 그 죄질이 약한 것에 대한 처벌권이 부여되어 있다. 사소한 사건으로 관부의 행정이 번잡해질 수 있기에 일정 부분의 사법권을 향약 조직에게 양도한 것이다. 또한 봄과 가을에 행해지는 강신례 절차에서는 향촌 내 여러 신분 간의 위계질서를 확인할 수 있다. 사대부 계층인 품관에서부터, 서얼·향리, 그리고 하인에 이르기까지 앉는 자리와 예를 취하는 법을 달리하였다. 이러한 조항들은 현풍현 사대부의 지위 유지와 관련되어 있다. 지역 사대부들의 협조하에 주현향약을 안정적으로 시행하기 위하여, 사대부 계층의 권위를 인정하는 조항을 향약 규정에 명시한 것이다.

당시 경상도 지역의 명유였던 장현광張顯光(1554-1637)은 현풍현향약을 열람한 뒤, 발문跋文에다가 "이 향약 가운데의 절목節目은 성분性分과 직분職分에 벗어난 것이 없다"라고 평가하였다.

원활한 수령 통치를 위해서는 사대부 계층의 협조가 필요하였다. 그것은 사대부 주도의 안정적인 향촌 질서가 전제되어야만 가능하였는데, 현풍현향약은 그러한 관변적 의도가 잘 반영된 향약이다.

이처럼 '주자증손여씨향약 → 퇴계향약 → 김기향약·현풍현향약'으로 이어지는 향약의 전통은 퇴계학파를 계승한 여러 지역에서 제정되었다. 예컨대 밀양에서는 1648년 밀양부사密陽府使 강대수姜大遂가 유향소를 중심으로 주현향약인 이른바 '무자향약戊子鄕約'을 시행하였다. 강대수는 장현광의 문인으로서, 그가 제정한 무자향약은 현풍현향약의 조항과 거의 동일하다. 대구 부인동夫仁洞에서는 1739년(영조 15) 최흥원崔興源이 동약을 제정했는데, 그 역시 김기향약과 현풍현향약의 전통을 따르고 있다.

주현향약은 고을 수령뿐만 아니라, 한 도의 장관인 관찰사가 시행하기도 했다. 그중에서도 경상도관찰사 이헌영의 향약 시행을 주목하고자 한다.

이헌영은 개항기 내외 관직을 두루 지내면서, 관직 생활 중의 주요 기록과 문서를 정리한 여러 편의 공무 일기를 남겼다. 그중 「교번집략嶠蕃集略」은 1890년 12월부터 1893년 3월까지 경상도관찰사를 지내면서 작성한 일기이다. 여기에는 각 고을에 향약 시행을 지시하면서 작성한 여러 기록이 수록되어 있다.

1891년 경상도관찰사 이헌영은 직접 제정한 「향리약법鄕里約法」을 경상도 70여 고을에 배포하였는데, 그 서문에는 다음과 같은 언급이 있다.

대개 향약의 법은 주관周官 삼물三物·팔형八刑의 뜻에 근원하며, 송나라 남전 여씨의 조례에 있는 것이다. 주부자朱夫子가 증손한 것은 대개 풍속을 더 낫게 고쳐, 세상을 좋게 하는데 있다. 이것보다 좋은 것이 없는 까닭에, 우리 열성조列聖朝에서 여러 차례 반시頒示하는 지시를 내렸고, 여러 선유先儒 또한 수행하는 노력을 많이 하였다. … 이곳을 평소 '추로지향鄒魯之鄕'이라 칭한다고 말할 수 있겠는가? 진실로 개탄스러움을 이길 수 없다. … 일찍이 여러 군郡을 맡을 때, 또한 이 법을 행하였는데 효과가 없지 아니하였으니 … 이에 참람하고 방자함을 무릅쓰고, 향약의 여러 조항 중 번잡한 것은 깎고 그 요점만 취해 수정한 다음, 향약장과 직월 및 여러 임원에게 하송하였으니, 반드시 한 고을의 좋은 선비를 택할 것이며, 응해서 거행하는 규정을 그들과 함께 잘 의논하여 좋은 방법을 강구할 것이다. … 만일 세속의 풍습에 길들어져 오활한 것으로 돌아가 별일 아닌 것

으로 보고 지시를 잘 따르지 않는다면, 진실로 감영과
고을 간에 서로 믿는 뜻이 없어질 것이다.

—『교번집략矯蕃集略』「향리약법서鄕里約法序」中

위의 서문에는 향약 제정의 취지가 잘 드러난다. 이헌영은
경상도관찰사로 부임하기 전에 외직으로 부안현감·정주목사·
의주부윤·영흥부사를 지냈는데, 부임지마다 어김없이 향약을
시행하였다. 그때의 경험을 바탕으로 경상도 여러 고을에서 시
행할 향약을 만들었다. 이헌영 역시 이황이 그랬던 것처럼 향약
의 유래를 『주례』에서 찾았다. 여기서 삼물三物과 팔형八刑은 각
각 주나라 때 백성을 다스리는 세 가지 일과 여덟 가지 형벌을
뜻한다. 이러한 전통이 북송의 여씨향약, 남송 주자의 증손향
약, 그리고 우리 조선에서 여러 명현이 제정한 향약으로 이어졌
다고 하였다. 그러나 근래 향약의 전통이 단절되었고, 특히 경
상도의 풍속이 예전과 같지 않다며, 각 고을에 향약 시행을 지
시하고 있다. 서문 말미에는 감영과 고을 간의 신뢰를 강조해
놓았다. 이처럼 이헌영은 관찰사로서 원활한 지방 통치를 도모
하고 개항기 새로운 문물이 유입되는 과정에서 전통적인 가치
를 고수하기 위하여 향약을 시행하였다.

그런데 이헌영의 주현향약은 김세렴의 현풍현향약과 비교

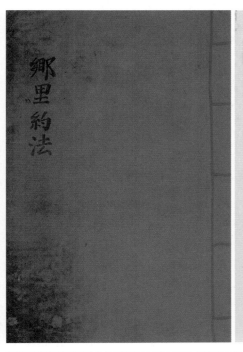
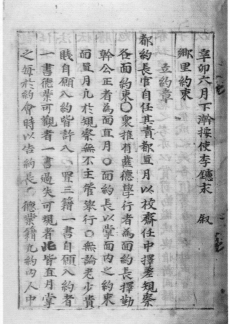

그림 13 경상도 비안현에 배포된 이헌영의 「향리약법」 비안향교

해 관부의 영향력이 더욱 강하게 나타난다. 이는 유향소의 기능 약화와 무관하지 않다. 16-17세기 사대부 계층의 향촌 지배력 강화와 함께 유향소의 권위도 높아졌다. 유향소가 향약을 시행하는 장소로 주목받았으며, 그 구성원은 향대부에 비견되기도 했다. 그러나 18-19세기를 거치면서 유향소는 향권을 다투는 자리로 변질되어 갔다. 특히 수령권의 강화는 유향소의 자치 기능을 제한하였다. 시간이 흐를수록 자치 기능보다 수령 행정

을 보조하는 기능이 부각되었던 것이다. 그런 가운데 어느 시기부터 유향소는 향청鄕廳으로 불려졌다. 행정적 기능이 강화되면서 유향소는 아전들의 기구인 질청[作廳]과 비슷한 성격의 기구로 인식된 것이다.

이헌영도 이러한 점을 알고 있었기에 유향소보다는 관부가 주도하는 향약 조직을 구상하였다. 1891년 이헌영이 반포한 「향리약법」의 〈입약장立約章〉에는 향약의 직임과 임무 등을 다음과 같이 규정하였다.

> 도약장都約長: 해당 고을의 수령
> 도직월都直月: 향교 재임齋任 중에서 임명, 각 면의 약속
> 을 규찰
> 면약장面約長: 대중이 나이·덕행·학행이 있는 자를 추천,
> 면내의 약속을 관장
> 면직월面直月: 근면하고 공정한 자를 임명, 여러 규약의
> 실무를 주관

우선 「향리약법」에서 향약을 주관하는 자는 다름 아닌 각 고을의 수령이다. 향약이 제대로 시행될 수 있도록 수령이 도약장을 맡게 했다. 그리고 부임은 향교의 임원인 재임, 즉 교임校任

이 맡도록 하였다. 이는 앞서 현풍현향약에서 유향소 좌수를 향약 임원으로 임명한 것과 비교되는 대목이다.

나아가 〈입약장〉에서는 세 개의 장부를 둔다고 하였다. 그 것은 각각 향약에 들어오기를 원하는 '자원입약자自願入約者' 명부, 행실이 바른 '덕업가관자德業可觀者' 명부, 과실을 저지른 '과실가규자過失可規者' 명부로서, 주자증손여씨향약에서 규정한 명부·선적·악적으로 구성된 세 개의 장부와 같다. 그런데 선적에 해당하는 '덕업가관자' 명부는 향촌의 여러 임원을 선발하는 기준이 되었다. 즉, 여기에 입록된 인사 중에서 면약의 약장과 직월을 비롯해 향교의 교임·재임 및 면임과 이임까지 선발하게 했던 것이다.

또한 「향리약법」에서는 면 단위 향약을 지시하였다. 각 면에서 명망 있는 자를 대중으로부터 추천받아 면약장으로 삼게 하였다. 「향리약법」에 수록된 〈면약의주面約儀註〉는 면 단위로 거행되는 집회 때의 절차를 규정한 것인데, 여기에 참여하는 인사로는 향약 구성원 외에도 관내의 향교 교생校生, 서원 원생院生, 그리고 무업武業에 종사하는 무열인武列人까지를 포괄한다. 해당 면에서 영향력을 가진 모든 인사를 향약례에 참여시킴으로써, 주현향약을 시행하는 관부의 권위를 높이고자 했던 것이다.

관부의 영향력은 향약 집회 규정에 잘 드러난다. 집회 규정을 수록한 11개 조의 조목 중에서 다음 5조를 살펴볼 필요가 있다.

하나. 향약 중에 선한 자가 있으면 무리에서 추천하고, 허물이 있는 자는 직월이 규제한다. 선한 자는 선적에 기록하고, 허물이 있는 자는 과적에 기록해 좌중에게 두루 보여 준다. 선행과 과오가 가장 큰 자는 관청에 보고하여 상벌을 내린다.

하나. 선행을 기록하고 과오를 기록하는 것이 공정하지 아니하면, 한 고을이 함께 관에 호소해 변무한다.

하나. 지금 이 약조를 집집마다 베껴서 두고, 때때로 읽고 익힌다. 매번 약회 때 향약 읽기를 마치면, 약장이 향약 중의 각 사람에게 약편約篇을 고강해서 등급을 나누어 관에 보고한다. 관은 향교에서 약회를 거행할 때, 다시 고강해서 상벌을 내린다.

하나. 30세 이하로 관례를 마친 자가 향약에 참여하지 않고 약회에 3회 빠지면, 향약에서 벌을 내리는데, 끝내 불복하는 자는 관에 보고하여 벌을 내린다.

하나. 봄과 가을 약회가 끝난 후, 설행 일자를 즉각 감영에 보고한다.

—『교번집략』「향리약법서」

여기서 관은 향약 시행에 있어 중재 및 관리의 역할을 하고 있음이 나타나는데, 특히 관의 고강 규정이 주목된다. 각면에서 「향리약법」을 고강하고, 우수한 자를 향교에서 개최하는 약회 때 재차 고강한다는 개념이다. 그리고 규정 말미에는 감영에 향약 시행 일자를 보고하라고 지시해 놓았다. 경상도관찰사의 정령에 의해 제정된 주현향약인 만큼, 감영이 각 고을의 향약 시행 여부를 직접 감독하였다.

이처럼 원활한 지방 통치를 위하여 뜻있는 수령들은 주현향약을 제정하고 직접 시행하였다. 향약 규정의 제정부터 임원의 임면까지 모두 관부가 총괄하되, 향약 조직에게 향촌 교화에 대한 임무를 부여함으로써, 수령의 막중한 업무를 분담할 뿐만 아니라, 향촌 세력의 자발적인 교화와 협조를 이끌어 내고자 했다. 그러나 수령 주도의 주현향약은 통치 보조를 위해 시행되었기 때문에 관변적 성격을 벗어나지 못하며 여러 부분에서 한계를 드러내었다.

가장 큰 한계는 본연의 자치 기능이 퇴색되었다는 점이다. 그 형태는 수령 또는 관부와 관련된 인사가 향약의 임원을 맡거나, 향촌에서의 역할이 수령의 행정을 보조하는 수준으로 격하되는 모습으로 나타났다.

예를 들어 현풍현향약의 전통을 계승한 밀양에서는 17-19세기 동안 수령 주도의 주현향약이 여러 차례 제정되었다. 처음에는 고을의 명망 있는 사대부와 유향소의 좌수가 향약의 임원이 되어 향약을 운영하였다. 그러나 19세기 제정된 밀양 지역 주현향약의 제 규정은 자치보다는 통치 보조의 성격이 강하게 나타난다. 그런 가운데 1889년 밀양부사 정병하鄭秉夏는 「기축장정己丑章程」 또는 「밀주장정密州章程」이라는 명칭으로 주현향약을 제정하였다. 해당 향약의 규정은 모두 25개의 조항으로 구성되어 있는데, 여기에 규정된 약임의 권한과 임무는 종전의 그것과 차이가 크다. 향촌 교화와 관련된 권한은 소략한 데 반해, 부세·단속·공사 등 각종 행정 업무가 상세하게 규정되어 있다. 특히 다음의 조항은 「기축장정」에서 규정하고 있는 약임의 위치를 단적으로 보여 준다.

하나. 약정은 각리의 공의公議에 따라 면임을 차정한다. 두 사람은 식자識者이며 일을 해결함에 게을리하지 않는 자들이다. 무릇 지시를 거행함에 있어, 각리의 여러 가지 일을 상세하고 명백하게 왕복해서 처리할 것이며, 모호하게 지연시켜 일이 지체되고 시끄럽게 되는 일은 없어야 할 것이다.

—『밀주징신록密州徵信錄』「고종기축장정高宗己丑章程」中

　종전에는 각면의 약임에게 교화를 담당케 하고, 면임은 관령에 따른 행정업무를 맡게 하였다. 그러나 위의 조항에서 관부가 바라보는 약임과 면임의 위치는 큰 차이가 없다. 같은 행정업무 종사자로 인식하고 있다.

　19세기에 이르러 수령이 주도하는 주현향약의 관변적 성격이 더욱 강화됨에 따라, 향약은 관의 정령을 하달받는 위치로 전락해 버렸다. 이는 마치 교화와 풍속 검찰의 임무를 가지고 있다가 조선 후기 이후 점차 권위가 약해져, 행정업무를 보조하는 향청으로 전락해 버린 유향소의 모습을 연상케 한다.

　관변적 주현향약의 또 다른 한계는 수령의 의지에 따라 시행되었기 때문에 임기가 끝난 후에는 흐지부지 끝나는 경우가 많았다. 향약에 협조해야 하는 사대부들도 해당 수령이 향약을 시행할 때는 협조하는 모습을 보이다가, 수령이 이임하면 조직해 놓은 향약을 방치해 버렸다.

　[1891] … 6월에 향약책자와 강학조규講學條規로써 각읍에 고루 배포하였으나, 가을이 이미 다 지났고, 겨울 또

한 반이 지났다. … 각 고을 중 오히려 강약장講約長과 향교 수임을 차정하고 보고하지 않은 것이 반에 이르니, 준행하고도 그렇게 한 것인가?

—『교변집략』

「칙각읍강장급향교수임보래飭各邑講長及鄕校首任報來」中

지난 임진년[1892]에 명을 받들어 남쪽으로 오니, … 이에 안타깝게 여겨 100여 동銅을 내고 강약소講約所를 창설해서 많은 선비들이 강습하는 재용으로 삼았다. 지금 또 이 자리에 올라 물어 채집하였는데, 도중에 군의 서리에 의해 다 써 버리고, 마침내 본소에서 사용할 것이 없게 되었으니, 어찌 해괴한 일이 아닌가?

—『재번집략再蕃集略』

「대구향교별보절목大邱鄕校別補節目」中

앞의 글은 1891년 6월 이헌영이 관내 각 고을에 「향리약법」을 배포하고 연말까지 향약 조직을 편제하라는 지시를 내렸지만, 이를 따른 고을은 절반이 채 되지 않았다는 내용이다. 실제 편제를 한다고 해도 독약회만 거행하고 향약 시행을 주저하는 고을이 상당수였다.

뒤의 글은 1902년 경상북도관찰사로 재부임한 이헌영이 향약 시행을 위해 제정한 절목 중 일부이다. 1891년 이헌영은 자신의 녹봉 중 일부를 내어 달성향약(대구향약)을 지원한 적이 있었다. 시간이 흘러 1902년 경상북도관찰사로 재부임한 이헌영은 이번에도 달성향약을 시행하기 위하여, 10여 년 전 자신이 낸 지원금의 용도를 확인하였는데, 그 돈은 이런저런 일로 고을의 서리가 모두 써 버리고 말았다. 감영이 소재한 대구에서조차 수령이 떠나 버리자 향약은 유야무야된 것이다.

5
___

통제와 관리,
자치의 역설

19세기 정학의 수호와 향약

16세기 동안 정부에서는 전국적인 향약 시행과 관련해 여러 차례 논의가 있었다. 이때 이이는 정부 주도의 전국적 시행은 시기상조라며, '선민생'을 내세웠다. 이후 향약에 대한 정부의 정책 기조는 1797년 『향례합편』 간행과 배포에서 알 수 있듯이, 향촌사회와 수령의 자발적인 시행에 맡기는 것으로 결정되었다. 다만, 사회가 어수선하거나 풍속이 어지러워졌다고 판단될 때, 신료나 지방의 사대부들이 상소를 올려 향약 시행을 청원하면, 왕이 이를 가납嘉納하고 격려하는 정도였다.

그런 가운데 19세기 이후 새로운 사상과 문물이 유입되자,

전통적인 가치를 고수하고 질서를 유지하기 위한 수단으로 다시 향약이 주목받게 된다. 이에 앞서 18세기 후반 천주교가 국내에서 확산되어 가는 분위기 속에, 1797년 정부에서 이병모李秉模가 사학邪學, 즉 천주교가 널리 퍼진 지역에 향약을 시행하자고 건의한 적이 있다. 1801년(순조 1)에는 신유박해가 일어나 천주교도가 대대적으로 탄압을 당했다. 이때 장령 최시순崔時淳은 상소를 올려 사설邪說과 요술妖術, 즉 천주교를 막기 위해 각도의 관찰사가 향약의 제도를 신칙할 필요가 있다고 건의했으며, 1802년에는 정언 기학경奇學敬이 상소를 올려 사설을 막는 방책으로 선대왕, 즉 정조의 뜻을 받들어 향약을 권장하자고 건의하였다.

1860년대에 이르러서는 동학東學이 크게 유행하였다. 1860년(철종 11) 경주에서 최제우崔濟愚가 동학을 처음 창교한 이래 삼남三南 지역을 중심으로 빠르게 확산되었다. 정부는 동학을 좌술左術·사설邪說·참위讖緯 등으로 불렀고, 지방의 보수 유림들도 동학과 그 신도들을 이단異端·사설邪說·무부무군지도無父無君之徒·비류匪類·좌도左道·음사괴귀지배陰邪怪鬼之輩 등으로 부르며 배척하는 모습을 보여 주었다. 동학의 유행으로 위기를 느낀 전통적인 사대부 계층은 사회질서 회복을 위해 오가작통 실시, 향교 교육 장려, 서원 복설 등을 정부에 건의하였는데, 향약 시행도 그중 하나였다.

이 무렵 동학 창궐을 막기 위해 향약 시행을 건의한 대표적인 사례로는 1864년(고종 1) 경상도 성주의 호군護軍 이원조李源祚가 올린 상소문이 있다.

> 불행히 천주학이란 것이 해외로부터 들어와 점차 우리 나라를 물들여 놓았으나, 신유년[1801]에 크게 토벌을 했고, 기해년[1839]에는 반포문까지 내려 왕법王法을 충분히 밝히는 동시에 백성들의 마음도 바로잡았습니다. 그런데 어째서 근자에 음험하고 간사하기가 도깨비와 같은 무리들이 얼굴을 바꾸어 사사로운 이름까지 달고는 어리석은 백성들을 속여 서로 유인하게 하고, 귀신에 핑계를 대며 소란을 선동하는 일이 벌어집니까? … 지금 그 도 안의 선비들이 뜻을 같이하는 사람들끼리 모여 윤번으로 강론하는 모임도 열고 향약도 다시 밝히려고 하나, 조정에서 실시한 후에야 그 위력을 빌어서 딴소리를 억누를 수 있습니다.
>
> —『고종실록』 1년 3월 1일 기사 中

이원조는 신유박해와 기유박해를 통해 천주교를 척결하였

으나, 이제는 동학이 창궐하고 있다며 도 단위의 향약이 시행될 수 있도록 청원하였다. 당시 경상도를 중심으로 동학이 크게 유행하고 있었기 때문이다. 전통적인 사대부 계층은 성리학을 올바른 학문, 즉 정학正學으로 생각하였다. 그들은 정학을 고수하기 위하여, 새롭게 등장한 천주교와 동학을 이단으로 규정하고 척결하고자 했다. 그 방법은 향약을 익히게 해서 어리석은 백성들이 이단에 물들지 않게 하는 것이었다.

이원조의 상소에 대해 수렴청정垂簾聽政 중이던 신정왕후神貞

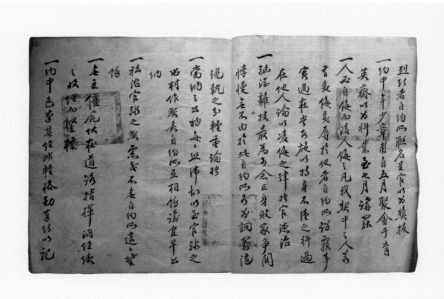

그림14 1871년 회산향약계안, 창원향교

104

王后는 갑자기 향약을 시행하기 어려우니, 이원조의 고장인 성주에서 먼저 시범적으로 시행해 보라는 비답을 내렸다. 당시 비답은 자율적인 시행을 권장하던 기존의 향약 정책과 크게 다르지 않다.

신미양요辛未洋擾가 향약 시행의 계기가 된 사례도 있다. 1871년(고종 8) 미국은 1866년에 일어난 제너럴셔먼호 사건의 책임을 묻고, 나아가 통상 교섭을 요구하였다. 그러나 조선 정부가 거절하자 같은 해 6월 강화도를 공격하였다. 압도적인 군사력을 바탕으로 강화도를 점령했지만, 조선군의 완강한 저항 때문에 미국은 강화도에서 물러났다. 당시 집권하고 있던 홍선대원군興宣大院君은 통상 수교에 대한 강력한 거부 의지를 피력하기 위하여 전국에 척화비斥和碑를 세우는 등 기존의 쇄국정책을 이어 나갔다. 한편으로 정부는 군사적 요충지에 대한 방비를 강화했는데, 해안에 위치한 경상도 창원도 그중 하나였다.

창원은 신미양요가 일어나기 직전인 1871년 2월 국방을 강화하는 차원에서 방어영防禦營으로 승격되었다. 이때 방어사防禦使는 창원부사였던 윤석오尹錫五가 겸직하였다. 외부 요인으로 갑작스레 창원에 방어영이 설치되면서 창원부사의 업무는 비대해졌다. 성채를 새롭게 축조하고 여러 군비軍備를 정비해야만 되었다. 그런 가운데 창원부사 윤석오는 신미양요로 어수선한 지역의 민심을 안정시키고, 지역 사대부들의 협조를 이끌어 내기 위해 고심하였다. 신미양요가 일어난 지 두 달 뒤 창원 지역의 사대부들과 함께 창원의 별호를 딴 회산향약會山鄕約을 결성하고 향약 명부를 만들었다.

> 『예기』에 이르기를 "향鄕을 익혀 연치年齒를 높인다[習鄕上齒]"라 함은 향음례를 이른 것이다. ··· 지금 옛 향음의 예를 모방하기는 어려우니, 그 뜻을 따서 향약이라 이름 짓고 대략 뒤에 조목을 만들어서 후학을 이끈다면, 그렇게 하지 않는 것보다 좋지 않겠는가! 무릇 고을의 유생들은 모두 사대부의 후예로서 부자夫子[공자]의 학문을 배우고 선대 현인들의 책을 읽으며, 군자의 예를 따라 향리에 있을 때는 효제孝悌와 충공忠恭으로 거짓됨을 이끌고, 조정에서는 훌륭한 뜻과 높은 계책으로 백성을 다스리면, 우리의 도는 더욱 천명되어 이단은 어쩔 수 없게 될 것이니, 이는 한 고을의 다행이 아니라 한 나라의 다행이 될 것이다. 그렇지만 우리가 시서詩書와 예양禮讓에 힘쓰지 않으면 향약의 모양새는 도리어 이리저리 몰려다니면서 끝내는 먹고 노는 기롱을 받게 될 것이니, 또한 어찌 한 고을의 큰 수치가 아니겠는가!

윤석오는 향약을 결성한 후 위와 같이 향안의 서문을 직접 썼다. 회산향약도 수령이 제정한 주현향약에 해당하지만, 향약 결성의 취지는 이단 척결에 있었다. 향약을 시행하고 공자의 학문에 충실하다면, 이단에 빠지지 않고 궁극적으로 외세를 물리칠 수 있을 것으로 판단한 것이다.

1890년대에 접어들면서 이단으로 배척하던 동학이 크게 유행하였다. 혹세무민한다는 이유로 처형당한 동학 교조 최제우에 대한 신원운동이 전개되었는데, 이때 동학교도들은 외세를 물리치고 백성들은 안정시킨다는 '보국안민輔國安民'의 기치를 내세웠다. 특히 강화도조약 체결 이후 많은 곡물이 일본으로 유출되고 있던 전라도와 경상도 지방에서 동학 신도들이 급속하게 늘어나고 있었다.

당시 정국을 주도하고 있던 민씨 정권은 다급해졌다. 위기감을 느낀 민씨 정권은 동학의 확산을 막기 위하여 경상·전라 지역 관찰사에게 향례 시행을 지시하게 되는데, 황현黃玹(1856-1910)은 당시의 모습을 다음과 같이 묘사하였다.

얼마 후 민영준閔泳駿이 거론하기를 "동학이 번진 것은

풍속이 무너진 데 그 원인이 있다"고 하면서, 경상·전라 양 지방에 공문을 보내어 전라도 지방은 향약법을 시행하고, 경상도 지방은 향음주례를 시행케 하였다. 또 나이가 많은 사람들에게 쌀과 고기를 내리고 수직壽職으로 당상의 직첩을 제수하였다. 지방 수령들은 모두들 무더위가 한창인 6월에 향약과 향음을 행하느라 땀을 흘리며 꿇어앉아 절을 하였고, 돈을 걷고 먹을 것을 조달하느라 농사일을 방해하고 직무에 지장이 있었으므로 백성들이 몹시 불편해하였다.

—『오하기문梧下記聞』中

위의 일화는 1893년 민씨 정권의 실세 민영준이 동학을 막기 위해 전라도에 관찰사 주도의 향약 시행을 지시하였는데, 오히려 여러 폐단이 발생하였음을 이야기하고 있다. 이는 경상도도 마찬가지였다. 당시 경상도관찰사 이헌영은 정부의 지시와 별개로 1891-1893년 동안 향약을 직접 제정하여 관내 70여 고을에 실시를 지시하였다. 그러나 몇몇 고을에서는 향약 시행을 핑계로 오히려 가렴주구苛斂誅求가 행해졌다. 이처럼 정부와 사대부 계층 모두 동학의 원인을 내부적인 모순이 아니라 정학과 교화의 위축에서 찾았고, 복고적인 발상에서 향약 시행을 통해 위기를 극복하고자 했다.

"옥석玉石이 함께 타 버릴까 염려된다", 정학과 이단의 구분

1894년(고종 31) 전라도 일대에서 동학농민군이 봉기하였다. 동학농민군의 진격에 관군이 무기력하게 무너지자, 자신들의 사회적 지위와 전통 질서를 지키려던 사대부 세력이 조직적 대응에 나섰다. 그중에서 가장 주목되는 대응이 향약 규정과 접목된 민보군民堡軍 조직의 운영이다. 민보군은 지역에 따라 수성군守城軍·집강소執綱所·유회군儒會軍 등으로 불리던 의병義兵을 뜻한다. 기존의 향약 조직을 민보군 조직과 접목시켜 의병을 운영하였던 것이다. 조선시대 동안 향약이 전국에서 동시다발적으로 시행되고 주목받은 시기가, 다름 아닌 동학농민전쟁기로 여겨진다.

동학농민전쟁 이전 실학자들도 국토방위 체계로서 백성들이 자발적으로 결성하는 민보民堡 조직에 관심을 두었다. 이들은 기존의 오가작통 또는 향약을 접목시킨 민보 조직을 각기 구상하였다. 그런 가운데 동학농민전쟁이 일어나고 관군이 무너지자, 동학농민군의 공격이 예상되거나, 동학교도가 봉기할 우려가 있는 지역에서는 자발적인 향토 방어를 위해 각기 향약과 접목시킨 민보 조직을 결성하였다.

　동학농민전쟁기 경상도 지역에서 동학농민군과 민보군 및 관군과의 치열한 격전이 벌어졌던 고을 중 하나가 상주이다. 전쟁 초기 동학농민군이 빠르게 전라도 일대를 장악하자, 전라도와 인접한 경상도 서부 지역을 중심으로 민보군이 다수 결성되었다. 이와 관련해 상주에서는 소모영召募營 산하의 민보군 활동이 두드러졌는데, 당시 소모사召募使 정의묵鄭宜默(1847-1906)이 남긴 기록에는 민보군을 다음과 같이 언급하였다.

　　시급히 거행해야 할 일이다. 소모하는 일의 성패는 오로지 의병을 모집하는 데에 달려 있다. 일전 향회의 여망도 일치하여 이미 수임首任을 천거하여 선출하였으니 모든 계획과 사업은 순서대로 진행될 것이다. 다만 그가 먼 곳에서 돌아오는데 시일이 오래 걸리기 때문에 그동안 수비대를 편성하여 방어하는 일 또한 조금도 늦출 수가 없다. 그래서 다시 향회소鄕會所에서 각 면에 도약정과 부약정을 파견하여 우선 양민들을 선발하여 상황에 따라 적절하게 대응하다가 의려소義旅所가 자리를 잡은 뒤에 그 지휘를 받자는 데 여러 사람들의 생각이 일치하였다. …

1. 각 면의 도약정과 부약정은 명령이 도착하는 즉시
양민 가운데 나이가 50세 이하 20세 이상인 자를 모아
서, 각각 활총·창·칼·목봉·죽창 등의 무기를 들고 닷새
간격으로 훈련을 받게 하도록 하라.

이번 소모의 의무는 의병을 모집하고 훈련을 시키는
데 있다. 그래서 본 고을의 각 면리에 명령을 내려 도약
정과 부약정을 차출하여 그들로 하여금 5가씩 통을 만
들게 하고 10인씩 대隊를 만들어 각각 무기를 지니고
5일 간격으로 점호를 받고 훈련을 하도록 하였다.

—『소모사실召募事實』中

동학농민전쟁 당시 상주의 각 면리에는 도약정과 부약정이
라는 향약 임원이 선발되어 있었다. 정의묵의 또 다른 동학농
민전쟁 기록인『소모일기召募日記』에 따르면 "각 면의 별군관別
軍官·부관副官·약정들은 모두 의병에 속한 사람들이었다. 이들
이 번갈아 가며 찾아오니, 이들을 영대하는 것이 매우 번거로웠
다"라는 언급처럼 모두 의병, 즉 민보군에 속하였다. 도약정 등
은 양민을 군정으로 선발하고 훈련을 시키는 임무를 가지고 있

었다. 뿐만 아니라 향약 조직을 활용한 민보군은 농민군에 대한 첩보 임무를 수행하기도 했다. 즉, 상주 소모영의 민보군은 의병 조직에 향약의 외피를 두른 것으로 이해할 수 있다. 향약의 약임들은 평상시 직접 민들을 통제하는 사회적 지위를 가지고 있었다. 관군도 이를 잘 알기에 향약 조직을 적극 활용해 그들의 임무에 군사적 기능을 부여했던 것이다.

동학농민전쟁기 민보군을 직접 결성하여 농민군과 대응한 사례도 있지만, 대부분은 자신들의 근거지를 방어하는 데 주력하였다. 이러한 현상은 동학농민군이 점령하지 못한 지역에서 두드러지게 나타난다. 대표적인 예로 경상도 남서부 지역의 동학 중심지였던 진주 백곡柏谷의 민보군 조직이 주목된다. 동학농민전쟁이 일어나기에 앞서 백곡에서는 '동洞' 단위의 향약이 시행되고 있었다. 1894년 동학농민전쟁이 일어나고 동학농민군이 진주에 출몰하자, 그해 8월 기존의 향약 규정에 농민군 방어를 위한 약조를 추가하게 된다.

> 하나. 부자간에는 반드시 친해야 하고, 군신 간에는 반드시 의義가 있어야 하며 부부간에는 반드시 구별이 있어야 하며, 어른과 아이 사이에는 반드시 순서가 있어야 하고, 친구 간에는 반드시 신의가 있어야 한다.

하나. 선善한 일은 반드시 과감하게 실행하고, 말은 실천해야 한다. 일이 이루어지기 전에 먼저 말을 하지 말고, 난리를 겪기 전에 마음이 먼저 놀라지 않아야 한다. 의를 들으면 따라야 하고, 허물을 들으면 반드시 고쳐야 한다. 빈부는 반드시 서로 의지해야 하고, 음식은 반드시 서로 균등해야 한다. 급한 일이 있으면 서로 구제하고 어려움이 있으면 서로 돕는다. 살아야 할 때에 혼자 살려고 하지 않고, 죽어야 할 때에 함께 죽으려고 해야 한다. 이 두 가지는 오늘날 힘써야 할 일이다.

하나. 적賊도 사람일 뿐이다. 머리 4개와 팔 8개를 가지고 있지 않다. 적이 우리를 두려워하는 것이 내가 적을 두려워하는 것보다 더할 것이다. 적이 밤에 오면 횃불을 들고, 낮에 오면 조총을 쏘아 마을의 장정들을 일제히 모아라.

하나. 적의 공갈은 반드시 실제로 그런 일이 일어나지 않을 것이다. 이것은 쉽게 알 만한 이치이다. 적이 어찌 우리 백곡 사람을 위해 난을 일으켰겠는가? 죽일 수 있으면 죽이고, 사로잡을 수 있으면 사로잡아라.

하나. 적을 막는 방도는 조총이 최상이고 활과 칼이 다음이니 장정은 각자 준비하라.

하나. 달마다 한가한 날을 잡아 두 번 모여 무예를 익히
고 적으로 하여금 그것을 듣고 두려움을 알게 하라.
이 네 가지 약조는 오늘날 우선해야 할 것이다. 머지않
아 죽을 늙은이가 한 말이니 공들이 힘써 주길 바란다.

—『백곡지柏谷誌』「약조約條」中

　이 약조는 백곡의 사대부 정중한鄭仲翰이 농민군의 위협이
예상되자, 1894년 8월 기존의 동약에다가 6개조의 규정을 덧붙
인 것이다. 농민군의 침입에 대비한 동리 장정의 동원, 무기 마
련, 무예 훈련 등의 조항이 규정되어 있다. 실제 백곡에서 정중
한이 의도한 대로 동약 조직을 활용한 민보군이 결성되었는지
는 확인할 수 없지만, 기존 향약이 민보군 조직의 수단으로 인
식되었음을 잘 보여 주는 사례이다.

　1894년 9월 동학농민군의 제2차 봉기가 일어났다. 그러나
1차 봉기와 달리 동학농민군은 정비된 관군과 민보군, 무엇보
다 신식 무기로 무장한 일본군과 맞서야만 했다. 동학농민군은
전투에서 잇달아 패퇴하였고, 그해 12월 전봉준全琫準을 비롯한
지휘부가 체포됨으로써 동학농민전쟁은 종결되었다. 동학농민
군은 와해되었지만, 전쟁의 여파로 민심은 매우 어수선하였다.
따라서 수령과 사대부들 입장에서 가장 시급한 것은 향촌 안정

이었다. 전쟁 이후 향촌 안정의 방법은 동학을 철저히 통제하고 잔존 세력을 적발하는 데 있었는데, 이때도 향약을 적극 활용하였다.

경상도 고령에서는 군수 조시영書始永이 1895년 동학을 통제하기 위하여 향약을 제정하였다. 조시영의 향약은 4대 강목을 포함해 모두 20개조로 구성되어 있는데, 그중 10조가 '금동학禁東學'이다.

> 각자 해당 동리에서 5가를 통統으로 하고, 5통을 1장長으로 하여, 통 내에 사람이 출입하는 동정을 상세히 통찰하되, 만약 평소와 다른 흔적이 있으면, 즉시 빨리 보고해서 붙잡아 들인 뒤 깊이 심문할 것이나, 감추어 숨기고 보고하지 않는다면, 통수統首와 통장統長이 그 죄를 함께한다.
>
> —『후계집後溪集』「향약鄕約」中

비록 농민군은 진압되었지만, 고령군수 조시영은 잔존한 동학 세력을 지속적으로 견제하였다. 그 싹을 잘라 버려야지 이들의 준동을 막을 수 있다고 생각한 것이다. 그래서 오가작통을 편제하여 백성들의 수상한 동정을 감시하고, 그것에 대한 즉각적

합천 소학당, 국가문화유산포털 전재

인 보고 체계를 갖추도록 지시하였다. 오가작통을 새로 시행하는 향약 조직과 결부시켜 향촌 안정의 수단으로 활용한 것이다.

고령 인근의 합천에서는 사대부 도우룡都右龍이 향촌 안정을 위해 향약을 시행하였다. 도우룡은 원래 의성 사람이었으나, 동학농민전쟁이 일어나자 합천 숭산崇山으로 이주하였다. 그리고 합천 소학당小學堂에서 다른 유림들과 향약을 제정하였다. 도우룡이 시행한 향약은 기본적으로 주자증손여씨향약을 준수하되, 시의에 맞추어 8개조의 절목을 추가하였는데, 그중에서 제6조는 "만약 마을과 점막店幕 사이 머무르고 있는 무뢰배들에게서 수상한 단서가 있으면, 즉시 경계 밖으로 축출할 일"이라는 규정이다. 여기서 수상한 무리는 동학 세력을 가리킨다. 향촌 안정을 위해 향약 조직이 이들을 단속하였던 것이다.

한편, 도우룡은 향약을 실시하면서 동학에 대해 '호월동주胡越同舟'라는 표현을 썼다. 북쪽의 호胡와 남쪽의 월越은 평소 적대적인 관계에 있기 때문에 같은 배에 탈 수 없다는 의미이다. 즉, 같은 고을에 동학에 가담한 세력과 그렇지 않은 세력이 공존할 수 없음을 이야기한 것인데, 향약이 이들을 구분해 내고 동학에 가담한 자를 교화시키는 수단으로 활용될 것임을 뜻한다.

향약을 통한 정학과 이단의 구분이 적극적으로 이루어진 고을은 전라도 나주이다. 나주에서는 동학농민군과 관군 간의 치열한 전투가 벌어졌다. 동학농민군이 물러간 후 나주목사 민종렬閔種烈은 1894년 10월 고을의 향약을 새롭게 개정하였는데, 그 목적은 다음 구절에 잘 드러난다.

> 민공閔公[민종렬]이 향교에서 공문서로 신칙하면서, 다시 향약을 보수하여 성책하고 또 각 면 약장에게 각 리의 민호를 수정하여 성책하게 한 다음, 모두 향교에 모아 등본謄本을 한 부 만들어서 살펴보고 열람하는 것을 대

비하였다. 대개 왕사王師[왕의 군대]가 남하한 날에 '옥석
玉石'이 함께 타 버리는 탄식이 있을까 염려하여 귀화한
자는 스스로 새롭게 하게 했는데, 또한 '협종망치脅從罔
治'의 뜻이었다.

—『금성정의록錦城正義錄』中

  나주목사 민종렬은 향약 시행의 목적이 '옥석'이 함께 타 버
리는 것을 염려해서라고 하였다. 여기서 '옥'은 동학 비가담자,
'석'은 동학 가담자를 가리킨다. 덧붙여 '협종망치'라는 표현은
"괴수는 섬멸하되[殲厥渠魁] 협박에 못 이겨 따른 자들은 다스리
지 말라[脅從罔治]"라는 구절에서 인용한 것이다. 훗날 중앙군과
일본군이 진행하게 되는 잔존 농민군 토벌과 색출로부터, 무고
한 백성들을 구제하고 향촌을 안정시키려는 의도가 반영되어
있다.

  경상도 지방에서는 공방전이 치열하게 전개된 예천 금곡金谷
에서 동학 세력을 색출하기 위한 향약이 시행되었다. 금곡은 전
통적인 사대부가 세거하던 동리였지만, 동학농민전쟁이 전개
되는 동안 농민군의 거점으로 이용되었다. 그 과정에서 피난을
가지 않고 금곡에 남은 백성과 인근 동리 백성 중에는 위세에
의해 또는 자발적으로 동학농민군에 가담한 자들이 있었다. 농

민군이 패퇴한 후 금곡으로 돌아온 사대부 세력은 질서를 회복하고자 동약을 실시하였다. 그 과정에서 예천의 민보군인 집강소는 금곡동에 다음과 같은 통문通文을 보내었다.

생각건대, '강아지풀'이 좋은 밭을 망치며 '미꾸라지'가 큰 못을 흐립니다. … 지금부터는 위협에 못 이겨 억지로 무리에 가담한 자들은 차츰 귀화시키고, 한 점 흠이 없는 자들은 더욱 그 빛을 발산하게 하십시오. 보내 주신 통문 가운데 동신洞神에게 위안제를 지내고 동약을 강정한다는 말을 들으니 매우 경탄스럽습니다. 부탁하신 대로 집사와 총수 2명을 보내어 참석시킵니다. 그리고 난리를 겪은 뒤에 본동의 소인배들이 여전히 나쁜 버릇을 고치지 않고 종종 사족들을 능멸한다는 소식이 들리니 매우 놀랍습니다. 반드시 규칙을 엄하게 정하여 힘껏 잡아들이십시오. 만약 완강하게 버티고 따르지 않는 자가 있으면 일일이 적발하여 다시 통보하고 법에 따라 처벌하여 명분을 바로 잡는 것을 최우선적인 일로 삼으십시오. 그리고 혹 저들 무리 가운데서 이미 귀화한 사람과 은밀히 내통하고 그들을 몰래 사주하는 자가 있으면 반드시 특별히 사찰하고 압송하여 화란의 실마리를 끊으시기를 간절히 바랍니다.

―『갑오척사록甲午斥邪錄』「집강소일기執綱所日記」中

금곡동을 회복한 사대부들은 곧바로 동신에게 위안제를 지 냈다. 그리고 동 단위의 향약인 동약을 제정하였다. 그 소식을 전해들은 예천 집강소는 통문을 보내 향약 시행을 경하하였다. 금곡의 사대부들 입장에서 가장 시급한 과제는 농민군의 거점 으로 활용되었던 자신들의 근거지를 예전과 같이 복원하는 것 이었다. 하지만 농민군에 가담하거나 협조한 세력들이 여전히 남아 있었기에 엄격한 구분이 필요하였다. 이에 예천 집강소 측 은 통문을 보내 잔존 농민군 무리를 '강아지풀'과 '미꾸라지'에 비유하며, 이들에 대한 귀화가 필요하다고 하면서도, 귀화한 사 람을 사주하는 자들이 있으면, 집강소 측이 엄중히 처벌해 주겠 다고 하였다.

금곡의 사대부들은 동약을 통해 농민군 가담자와 비가담자 를 가리고자 했다. 나아가 이 조직을 활용해 비가담자를 전향시 킴으로써, 향후 자신들 주도의 향촌 지배질서를 점진적으로 회 복해 나갔던 것이다.

봉화에서도 향약 조직이 가담자와 비가담자를 가리는 기준 으로 활용된 흔적이 있다. 한창 잔존 동학 세력의 소탕이 진행되던 1895년 1월 2일 상주 소모영에서 봉화 사람 권쾌남權快南의 처벌 문제로 안동에 공문을 보내게 되었다. 권쾌남은 동학에 가담한 이유로 체포되었는데, 당시 소모영은 그에게 형벌을 가한 후 진심으로 귀화한 뜻이 있다면 석방하라고 지시하였다. 그가 잠시 동학에 가담하였었지만, "한편으로는 향약소에 이름을 올려놓고 있으며, 향약소에서는 공도公道를 확충시킨 인물로 보고 하기까지 하였다"라는 정보가 있었기 때문이었다. 동학에 대한 혐의가 있어도 향약 조직에 가담한 전력이 있어서, 귀화의 기회를 부여한 것이다.

일제의 식민지 통치 보조

조선 왕조는 성리학을 통치 이념으로 내세웠다. 향약은 성리학의 자치 규범이다. 따라서 향약 시행은 성리학적 사회윤리의 실천이 된다. 그렇기에 관부는 향약 시행을 정책적으로 장려하였고 때로는 통제와 관리의 수단으로 활용하였다. 전통적인 향촌질서가 해체되어 가던 근대 이후에도 향약은 공동체의 공존이라는 본연의 취지와 별개로 권위적인 권력 집단에 의해 통제의 수단으로 주목받았다. 일제 강점기 식민지 통치기구가 향약을 어떻게 활용했는지 살펴보면, 이러한 경향은 보다 뚜렷해진다.

일제는 1920-1930년대 원활한 식민지 통치를 위해 각종 사회교화사업과 동화 정책을 실시하였다. 그 과정에서 일제는 조선의 농촌사회에 뿌리내리고 있던 향약 조직을 활용함으로써, 효율적인 통치를 이끌어 낼 수 있다고 판단하게 된다. 이에 조선총독부는 전국에서 시행되고 있던 향약을 일괄 조사한 후 등급을 나누었다. 그리고 모범적인 향약을 선별하여 보조금을 지급하는 '향약사업권장보조鄕約事業勸獎補助'를 1933년에 실시하였다. 당연히 이 사업에 선정된 향약 조직은 일제의 식민지 동화 정책에 활용될 수밖에 없었다.

예를 들어 경상남도 남해군의 남면향약계南面鄕約稧는 향약사업권장보조에 선정되어 150원을 하사받았다. 이 무렵 경남교풍회慶南矯風會는 남면향약계에 『보덕기報德記』라는 책을 지급하였다. 교풍회는 식민지 정책을 수행하는 데 있어서 조선인의 협조를 이끌어 내기 위해 결성한 민풍개량 단체이며, 『보덕기』는 에도 시대 일본의 농정가로서 농촌 개량에 힘썼던 니노미야 손토쿠二宮尊德(1787-1856)의 저술이다. 일제는 향약과 일본의 농정 정책을 동일 선상에 둠으로써, 이른바 내선일체內鮮一體를 도모하였다.

1-4조: 향약의 4대 강목

5조: 산업개선產業改善

1. 농경 개선에 정진

2. 농업경영의 다각형화多角形化와 협동화를 촉진

3. 자급自給 비료의 사용을 여행勵行

4. 부업에 면려하며 저축에 정려精勵

5. 소작관행 개선에 노력

6. 조림造林의 장려, 산림의 애무愛撫를 실행

7. 축산의 증사개선增飼改善을 여행勵行

8. 노동력을 교환할 때 음식물의 제공을 폐지

6조: 위생衛生

1. 음료수 개선을 노력

2. 가택 내외의 청결을 여행勵行

3. 변소 설비와 개선을 여행勵行

4. 전염병 예방에 노력

7조: 충실복업忠實服業

1. 노유빈부老幼貧富 불문하고 각자의 업에 정력精力

2. 항상 자기 업무를 연구하며 세世의 진보와 함께 업무를 합리화하여 자타自他의 복리 도모

3. 부인의 야외노동을 순치馴致하고 내외가 공로共勞 동

고하며, 치산治産에 노력

4. 시간 준수와 조기早起·조침早寢의 습관 수립을 노력

8조: 의무이행義務履行

1. 조세공과租稅公課는 반드시 기한 내에 완납

2. 부역夫役에는 반드시 스스로 출역出役하고 도로·교량의 유지와 수선에 노력

3. 약속을 엄수하고 은혜를 망각하지 않을 것

4. 법령을 준수하고 주류의 밀조密造와 기타 반칙배덕反則背德의 행위를 삼갈 것

9조: 검약저축儉約貯蓄

1. 질소약속質素約束을 본지本旨로 하여 분도내分度內의 생활의 폐지

2. 자작자급自作自給에 노력하여 수품需品 이외의 구매를 중지하며, 폐물廢物 이용에 주력

3. 허례를 폐하고 절대로 부채를 피할 것

4. 적어도 수입의 1할 이상은 저금

5. 공동작업의 수입과 공동재산의 수입 등은 함께 공동 소유로 저금해서 장래 산업기관의 자금조성을 노력

— 남면향약계, 「계규契規」 中

위의 규약은 1934년 남면향약계가 제정한 실행덕목實行德目 9개조이다. 앞의 4개 조항은 전통적인 향약 조항이며, 나머지 5개조와 세칙은 생활을 근대적으로 개선하는 데 취지를 두고 있으나, 그중에서도 7-9조는 식민지 정책과 관련이 깊다.

1930년대 남면향약계의 모습은 일제의 향약 정책을 잘 보여 주는 사례이다. 일제는 식민지 조선을 원활하게 통치하기 위하여, 우리나라의 향촌사회를 심도 있게 연구하였다. 우리나라를 식민지로 삼기 이전에 이미 여러 연구자를 파견하여 향촌사회

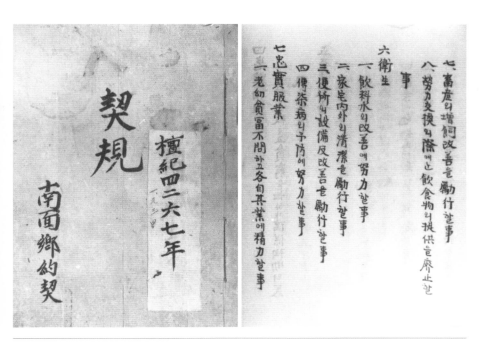

그림 16 1934년 남면향약계 「계규」

의 구성원과 주도세력, 운영 원리 및 경제 구조 등을 근대적인 연구 및 조사 방법을 동원하여 분석하고, 그 결과물을 식민지 통치에 활용하였던 것이다. 향촌사회에서 뿌리내리고 있던 향약도 일제의 중요한 조사 대상이었다.

구한말 통감부統監府와 일제 강점기 조선총독부 및 중추원中樞院과 같은 식민지 통치 기구는 구관舊慣 및 관습慣習 조사라는 명목으로 향약을 비롯해 여러 결사 조직을 조사하였다. 이를 기반으로 일제 강점기에 이르면 식민지 관리와 일본 관학자에 의해 보다 심도 있게 향약 연구가 이루어졌다. 당연히 그 결과는 식민지 통제 정책의 수단으로 활용되었는데, 대표적인 사례로는 도미나가 가즈히로富永文一(1891-1967), 마츠다 고松田甲(1868-1945), 다카하시 도루高橋亨(1878-1967)의 연구가 있다.

먼저 도미나가는 식민지 통치 기구의 관료이자 학자였다. 그는 일찍이 경상북도 의흥군 부남면, 경상남도 진주군 유곡면, 그리고 충청도의 향약 조직을 주목하였다. 이들 지역에서는 동학농민전쟁기에 공통적으로 향약이 시행되었었다. 특히 도미나가는 동학농민전쟁기 향약이 지역민의 동학 가입을 방지한 사실에 주목하였다. 향약의 효용성을 착안한 도미나가는 1930년대 초반 함경북도지사를 지내면서 수령이 주도하던 조선시대 주현향약의 전통을 계승하여 관북향약關北鄕約을 제정하게 된다. 이때 도미나가는 관북향약을 통해 향약 규정이 가지는 현재적 의미를 다음과 같이 분석하였다.

덕업상권德業相勸: 도덕요목道德要目
- 민풍民風의 개선
- 국가에 대한 충忠
- 성실한 공사公事의 수행

과실상규過失相規: 과벌科罰
- 민사民事·형사刑事의 경미한 사건 재판
- 미숙한 공권력 대신 향촌의 평화 보호 및 풍교風敎 유지
- 영국의 치안판사제도治安判事制度와 유사

예속상교禮俗相交: 예의禮儀
- 예의의 기본은 서치序齒
- 장유長幼의 서序를 통한 질서 유지

환난상휼患難相恤: 사업事業
- 도덕적 견지에 입각한 사회구제사업社會救濟事業
- 사창社倉의 경영은 일종의 소농小農 보호 제도

— 조선총독부,

『往時の朝鮮に於ける自治の萌芽鄕約の一斑』(1923) 中

위와 같이 도미나가는 향약 규정을 근대의 여러 제도와 비유하였다. 단순히 양반 사대부가 주목했던 고루한 유산이 아니라, 당시 시점에서 현재적 의미를 충분히 가진다고 평가한 것이다. 그리고 그 효용을 실험하기 위하여 관북향약을 제정하였다.

물론 관북향약 제정의 목적은 사상 통제에 있다. 이 무렵 도미나가는 자신이 통치하던 관북지역에 대해 "이제야말로 반도 내에 동서고금東西古今의 각종 사상이 일시에 착종錯綜하고 있으며, 심지어 극단적인 방종사상放縱思想과 파괴사상破壞思想이 발호하고 있는 상황에서, 온건한 지방민의 발달을 저해하고 그것의 정신을 동요시켜 일반민의 안녕과 행복을 위협할 수 있는 염려가 있다"라고 평가하였다. 이는 관북향약 제정의 배경을 언급한 대목이다. 동학농민전쟁 때 그랬던 것처럼 지금의 향약도 새로운 사상, 특히 '방종사상'과 '파괴사상'을 막는 역할을 할 것이라고 전망하고 있는데, 그것은 바로 함경북도 지방에 유행하고 있던 사회주의 사상을 통제하는 데 필요한 것이었다.

조선총독부 관방촉탁官房囑託을 지낸 마츠다는 1931년 발간한 그의 저서 『속일선사화續日鮮史話』에 향약 연구인 「이조시대의 향약[李朝時代の鄕約]」을 수록하였다. 그 역시 식민지 통치의 보조 수단으로 향약을 주목했다. 마츠다는 해당 연구에서 "지방자치제 실시에 맞추어 그것의 맹아萌芽로 일컬어지는 향약이

栗谷李先生遺蹟
(黃海道海州郡高山面石潭里に在り)

天潺閣

紹賢書院其一

紹賢書院其二

祀堂

舊宅

그림 17 도미나가의 「往時の朝鮮に於ける自治の萌芽 郷約の一斑」中

往時の朝鮮に於ける自治の萌芽 郷約の一斑

朝鮮總督府事務官　富　永　文　一

一　緖　言

予が曾て黃海道海州に居た頃、地方の古老から屢々栗谷先生の話を聞かされたことがある。栗谷は李朝宣祖時代の碩儒である。宣祖宣祖は栗谷觀察使として其の深邃なる抱負を實行し、今名一世に高く謳誦今に至つて郷人に膾炙されてゐる其の子孫は海州石潭に居り西部習家の耳目として住人に尊崇せられて居る予は海谷を敬慕し之を尊敬する

といふよりも寧ろ其の卓越せる見識を以てよく時世に通曉したる施設を行ひ、よくこれを運用したる行政的手腕に對して敬服を得ないものであるのである同じて其の施政中特に予の感じたのは、郷約條例と社倉契約束法とである。郷約條例は必ずしも栗谷の創意でもなければ又朝鮮に於て之を行つた者が外にもないではないが特に其の實行力の大にして其の影響の深かつたことは確に栗谷の人格と手腕とに歸せなければならぬと思ふ。況や之に社倉製約束法を按配したる卓

見に至つては流石に後世名監司の擧を拔いた人丈けあると感服せざるを得ないのである。がが尚尤分其の目的を達す

富時予は此等の遺業に就て遠か研究に指を染めてみたのであるが、

往時の朝鮮に於ける自治の萌芽郷約の一斑

一

어떤 것인지 알고, 시세時勢의 변운變運을 대조對照하는 데 도움을 주는 것 역시 무익하지 않다고 생각한다"라고 언급했다. 일제는 1930년 말 「지방자치제확장안地方自治制擴張案」을 실시하였다. 지방자치제에서 조선인에게 부분적으로 참정권을 허용함으로써, 국내에서 전개되고 있던 민족운동 세력을 분열시키고자 했던 것이다. 여기에 맞추어 마즈다 고는 조선총독부의 지방자치제도를 조선 향약의 연장선상으로 선전하였다.

일본의 선구적인 한국학 연구자 다카하시도 향약을 주목했다. 경성제국대학에 재임 중이던 다카하시는 1931년 10월 강원도 금강산소학교에서 개최한 전조선중견청년보도강습회全朝鮮中堅青年輔導講習會에서 이이와 향약에 대해 강연하였다. 이 강연회에는 전국에서 모인 젊은 청년들이 운집해 있었다. 다카하시는 이때 발표한 내용을 한 편의 논문으로 엮기도 했는데, 강연 말미에 다음과 같이 언급하였다.

이상은 향약의 대의를 설명한 것이다. 그리고 국가의 교화적 보조 기관으로 많은 미점美點을 가지고 있는 향약의 성공 여부는 실로 도약정都約正과 부약정副約正 등 각자의 인격人格·수완手腕에 달려 있다. … 그 점에 있어 조선의 옛 관리는 소년과 중년의 시기에 관계官界에 서

서 일국의 정치하무政治事務에 관계하고 노년에 관직 사
퇴 후 향리에 은퇴해 청경우독晴耕雨讀의 겨를에 일향一
鄕의 풍화를 다한 예가 자못 많다. 율곡과 같은 이도 그
중 한 사람이다. … 지금 제군諸君이 종사하고 있는 청
년 지도의 일은 여러 가지 점에 있어서 그 성질이 향약
과 공통되는 바가 있다. 특히 그 주요 목적이 단체의 힘
에 의해서, 단체 전원을 '선인善人'이 되게 하려는 점에
서는 모두가 서로 일치하고 있으며, 양방兩方 모두 단체
장의 인격과 덕망이 그 사업 중심의 기초인 것 또한 모
두 서로 일치하고 있는 것이다.

— 조선총독부, 「栗谷先生と鄕約」(1932) 中

    다카하시는 지방에서 '선인善人'을 양성하는 이상적인 규범
이 향약이라고 하였다. 은퇴 후 지방에 은거하며 향약을 제정한
이이는 그것을 실현시켰던 인물이다. 그런데 위 강연이 있었던
전조선중견청년보도강습회는 일제의 농촌진흥운동과 연계하
여, 그들의 지배정책에 순응 및 협력하는 중견인물 양성 과정이
었다. 즉, 강연에서 소개한 이이는 이상적인 중견인물상으로서
궁극적으로 중견청년이 나아가야 될 방향이다. 다카하시는 일
제의 식민지 정책에 협조하는 청년집단 교육과 중견인물 양성

에 향약 정신을 적극 활용하였다.

이처럼 1920-30년대 일본인 학자들의 향약 연구는 식민지 조선의 지방통치를 학문적으로 보조하는 수단이 되었다. 조선총독부는 여러 일본인 관학자의 향약 연구를 기반으로 1932년부터 전국적인 '향약사업권장보조'를 실시하였다. 이 정책은 어느 정도 실효를 거두어, 일부 지역에서는 일제의 식민지 정책을 보조하는 향약 조직이 나타나기도 하였다.

일제 강점기 조선총독부는 향약의 자치적인 성격보다는 교화를 명목으로 한 통제의 수단으로 주목하였다. 조선 후기 관변적 주현향약의 특성을 적극 활용하고, 유학 명현의 향약 시행을 모범적인 사례로 전면에 내세워, 식민지 통치에 순응하는 조선인을 양성하고자 했다. 그렇기 때문에 일제 강점기 경제학자이자 사회운동가였던 백남운白南雲은 일제의 향약 정책에 대하여 "조선사상에서 역사적 역할을 다한 유도儒道의 이데올로기를 고취하려는 것, 과거의 유풍을 감상적으로 회고하는 구식 인사에게 일시적이나마 정신적 구안苟安 [일시적으로 편안함을 취하는 것]을 주는 동시에 조효박주粗肴薄酒[변변치 않은 안주와 술]로 순간적 감흥을 주는 것, 일부 인사에게 반동적 세력을 부여하는 것 등"이라는 표현으로 비판하였던 것이다.

향약과 촌락 공동체,
동약

향촌 개발과 동약의 등장

고려 후기 이후 농업 기술의 발달과 사대부 계층의 성장은 향촌 개발을 촉진하였다. 향촌에는 사대부 계층이 세거하는 반촌班村이 형성되었다. 또한 사대부가 주도하는 촌락 공동체가 하나 둘씩 만들어졌다. '동' 단위로 시행된 동약洞約도 그중 하나이다. 그런데 동약은 기존의 향약과 성격을 달리한다. 향약의 본 취지는 고을 단위의 자치 규약이다. 향약은 고을의 여러 사대부 인사뿐만 아니라, 다양한 세력을 포괄하고 있다.

그러나 동약은 소수의 사대부 가문이 주도하며, 그 시행 범위도 해당 사대부 가문의 세력권에 한정된다. 더구나 동약은 새롭게 조직되기보다는 기존의 향촌 자치기구, 그중에서도 '동계'와 접목되는 경우가 많다. 즉, 동약은 16세기 이후 사대부가 주도하는 동계와 같은 틀 속에서 이해할 수 있으며, 그것의 등장과 시행은 조선시대 지역 사회의 발전 및 변화 과정을 보여 준다.

고대 지방의 세력가를 호족豪族이라 부른다. 고려 왕조 이후 중앙집권화가 강화되면서, 고대에 스스로 성을 쌓고 무장하던 호족 세력은 자연스레 고을의 행정을 담당하는 향리郷吏 세력으로 재편되었다. 고려의 향리 계층은 호족 시절처럼 무장을 통해 세력을 키우는 것이 아니라, 유학을 공부하고 과거시험에 합격함으로써, 왕조의 관료가 되기를 꿈꾸었다.

고려 후기에 이르러 향리 세력은 향리 및 서리역을 세습하는 이족吏族과 사대부가 될 수 있는 혈족인 사족士族으로 분화되었다. 원래 향리는 세습적인 직역職役이다. 일반 양민이 군역과 여러 잡역의 의무를 지는 대신, 향리층은 고을의 제반 행정을 보는 향리역을 세습하였다. 고려 전기까지만 하더라도 지방에 대한 중앙의 통제력은 한계가 있었다. 수령이 파견되는 고을도 제한적이었다. 그렇기 때문에 향리 세력은 지방의 실질적인 지배세력으로서 높은 사회적 권위를 가졌다. 그러나 점진적으로 수령이 파견되는 고을이 늘어나고, 중앙집권적 지배체제가 완비됨에 따라 향리는 지방의 세력가가 아니라, 수령 통치를 보조하는 행정 실무자로 전락해 갔다. 따라서 기존의 유력한 향리들은 향리역에서 벗어나고자 했는데, 가장 좋은 방법은 관료가 되는 것이었다.

무신정권이 수립된 이후, 몽골족의 침입과 원나라의 내정 간섭 속에 여러 차례 정치 세력이 교체되었다. 그 과정에서 지방의 향리 세력들이 과거시험, 군공, 원나라와의 관계를 바탕으로 관료로 진출하였다. 거기다 고려 말 홍건적紅巾賊의 침입과 왜구倭寇의 준동 속에 정부는 지방의 유력한 향리 세력에게 군직과 각종 명예직을 남발하였다. 내우외환으로 위급한 상황 속에 정부가 지방을 안정시킬 향리에게 줄 수 있는 유일한 대가였다. 반대로 향리 세력에게는 이것이 향리역에서 벗어날 기회가 되었다. 이러한 흐름 속에 향리 세력은 여전히 향리역을 세습하는 이족과 사대부 계층인 사족으로의 분화가 이루어졌다.

향리역에서 벗어난 사대부 계층은 향촌사회를 개척해 나갔다. 이전까지 호족과 향리로 대표되는 지방 세력의 근거지는 관사가 위치한 읍치邑治와 그 인근 지역이었다. 외곽 지역은 상대적으로 농업 환경이 낙후되어 미개발 지역이 많았다. 사대부들은 수령과 관부의 간섭에서 벗어나, 향·소·부곡·속현屬縣과 같은 미개발 지역으로 이주하였다. 고려 후기 유행하기 시작한 성리학과 은둔적 삶의 지향도 한몫했다. 결정적으로 원나라 간섭기 이후 유입된 선진 농업 기술은 사대부들이 미개발 지역을 개척할 좋은 수단이 되었다. 그렇게 14-15세기를 거치는 동안 사대부 계층이 개척한 다수의 촌락이 형성되었으며, 그곳에 사는 사대부 주도의 향촌 질서가 구축되어 갔다.

향촌사회가 개발되면서 수령이 파견되지 않는 낙후 지역, 즉 향·소·부곡·속현과 같은 지역이 고을의 하위 행정 구역인 면과 리로 재편되었다. 그와 별개로 향촌의 사대부들은 자신들의 거주지와 영향력이 미치는 지역을 아울러 '동洞'으로 설정하였다. 조선 후기 '동'은 하위 행정 구역인 '리'와 동일시되기도 했지만, 한편으로 사대부 계층이 자신들의 생활 범주를 하나의 지역 공동체 단위로 묶은 것으로 이해된다.

'동'은 사대부들에게 성리학적 이상이 담겨 있다. 성리학을 집대성한 주자는 지금의 중국 장시성[江西省] 싱쯔현[星子縣]의 백록동白鹿洞에서 서원書院을 운영하며 후학을 양성하고, 스스로 수양을 했다. 주자 성리학을 계승한 조선의 사대부에게 '동'은 주자가 구상했던 성리학을 실천하는 장소였다. 사대부들은 세거지와 자신들의 영향력이 미치는 곳을 'ㅇㅇ동'이라고 명명했다. 그렇게 '동'을 형성한 사대부들은 삶의 터전을 공유하는 구성원 간의 결속력 강화를 위해 '계契'를 결성하게 되는데, 이것이 '동' 단위의 계 조직인 이를 '동계洞契'이다.

평택의 두레 조직과 평택민요, 국가문화유산포털 전재

조선시대 이후 농업 기술의 발달과 향촌 개발에 따라 반촌
이 형성되었다. 반촌의 구성원들은 지역 공동체 유지를 위해 동
계를 결성하였다. 물론, 동계와 같은 촌락 공동체는 조선시대
때 처음 발생한 것이 아니다. 농경의 발달로 정착 생활이 시작
되던 무렵에 자연스레 나타난 것으로 보인다. 또한 동계라는 명
칭을 쓰지 않더라도 이계里契·촌계村契처럼 하위 행정구역이나
자연촌 단위의 결사조직이 조선시대 동안 존재하였다. 농촌에
서 농민들이 결성한 두레도 농경의 발달과 함께 자연 발생한 공

동 노동 조직이다.

따라서 한 동에는 사대부 주도의 동계만 존재하는 것이 아니라 다양한 결사 및 공동체 조직이 병존하였다. 그런 가운데 사대부들은 자신들의 동계를 중심으로 여러 공동체를 아우르고자 했다. 자신들이 거주하는 향촌사회를 주도하기 위한 매개체로 동계를 활용한 것이다. 향촌사회에서 사대부의 지위와 영향력이 강했던 시기에는 동계가 하층민을 적극적으로 통제하였다. 이때 사대부로 구성된 동계는 상계上契, 하층민의 공동체 조직을 하계下契로 구분했으며, 상계가 하계를 통제하는 구조이거나, 동계에 하층민이 참여할 경우 이것을 상하합계上下合契라고 불렀다.

사대부 계층은 자신들이 운영하는 동계와 결사 조직의 권위를 높이고자 했다. 그 방법은 동계 등에 향약을 접목시키는 것이었다. 일찍이 이황은 유향소를 주나라의 향대부와 비견하였으며, 이곳에서 향약을 시행하였다. 이황 이전에 유향소가 사회·경제적 폐단을 일으킬 때마다 중앙에서는 이를 토호의 소굴이나, 공자가 말한 도덕의 적인 '향원'에 빗대어 비판하였다. 하지만 향약 시행의 중심지가 되면서, 유향소는 성리학적 운영 명분을 부여받게 된다.

같은 목적을 가지고 동계에도 향약이라는 외투를 입혔다.

비록 향약과 동계의 시행 범위는 다르지만, 향약을 동계에 접목시킴으로써, 동리 단위의 자치 조직에 대한 성리학적 명분을 부여한 것이다.

동계에서 동약으로

동계의 성격을 가지고 있는 자치 조직은 다양한 형태로 동약을 표방하였다. 결성 당시부터 향약을 표방하며 동약이라는 명칭을 사용하기도 하지만, 처음에 동계로 결성되었다가 향약 규정을 접목시켜 동계와 동약을 혼용하는 경우가 많다. 꼭 동약이라는 명칭을 쓰지 않더라도 서문에 자신들의 조직이 주자증손여씨향약임을 강조하거나, 약조에 향약의 4대 강목을 차용하였다.

예컨대 퇴계학파를 계승한 사대부들이 동약·동계의 모범으로 인식한 '온계동계溫溪洞契'는 당초 동계라는 명칭으로 운영되었지만, 후대에 향약으로 인식하게 되는 대표적인 사례이다. 온계동계는 진성이씨眞城李氏 일문의 세거지인 경상도 예안의 온계에서 1548년부터 81년간 시행되었다. 동계에는 진성이씨 일족을 중심으로 온계에 거주하는 여러 사대부 집안이 참여하였다. 온계동계는 진성이씨 가문의 구성원인 이황이 규약을 세우고 운영 방향을 설정해 놓았기 때문에 퇴계학파의 학통을 계승한 사대부 집단에게 있어서 매우 권위가 높았으며, 여러 자치 규약에도 영향을 주었다.

> '향입약조鄕立約條'와 '동중족계洞中族契'는 모두 좋은 법과 아름다운 뜻이나, 변란 이후에 인심이 날로 각박해져서 형장刑杖과 태벌笞罰로는 권징勸懲하기가 불가능하게 되었다. 그런 까닭에 부포동夫浦洞에서 난수蘭秀가 별도의 약조를 세워서 인정人情으로서 인도하고자 한다.
>
> ―『성재집惺齋集』「동중약조소지洞中約條小識」中

이상의 규약은 바로 퇴도선생退陶先生[이황]이 온계동에서 새운 조항이다. 온계에서는 이것을 따라 시행하니 '동령洞令'이 자못 엄정하여 사람들이 감히 범하지 않으니 정말 아름다운 일이다. 우리 동[오천烏川]을 돌아보면 선세부터 위로는 화목한 풍속이 있었고 아래로는 모질고 거만한 습속이 없었다. … 옛 풍속을 오래오래 보존하고자 지난해에 산남山南[김부인金富仁], 후조後彫[김부필金富弼], 읍청挹淸[김부의金富儀], 일휴日休[금응협琴應夾] 등 여러

형과 '온계동규溫溪洞規'를 빌려 와서 이를 따라 시행하
였다.

—『설월당집雪月堂集』「동규후지洞規後識」中

위의 글은 이황의 문인인 금난수琴蘭秀(1530-1604)와 김부륜金
富倫(1531-1598)이 각각 자신들의 세거지인 예안의 부포夫浦와 오
천烏川에서 동계 규정을 제정하면서 그 의의를 언급한 것이다.
금난수가 언급한 '향입약조'는 퇴계향약이며, '동중족계'가 바로
온계에서 시행한 온계동계이다. 김부륜은 온계동규를 '동령'이
라고 지칭하고 있다. 부포와 오천에서는 임진왜란을 전후하여
어수선해진 동리의 민심을 안정시키고, 사대부 중심의 향촌 질
서를 회복하기 위하여 온계동계를 모방한 동계를 운영하였다.

이황 문인들은 온계동계를 자신들의 세거지에서만 시행하
지 않았다. 금난수는 봉화현감奉化縣監으로 있으면서, 고을 사람
들에게 퇴계향약과 온계동계를 시행하라고 권장하였다. 이황
의 문인 김기가 제정한 향약은 퇴계향약과 온계동계를 참작한
것이다. 김기향약의 4대 강목 중 '과실상규' 조항에서는 이황의
'향입약조', '환난상휼' 조항에서는 온계동계의 상호부조 규정을
그대로 인용하였다. 이후 퇴계학파를 계승한 사대부 집단이 김
기향약을 자치 규범의 전범으로 활용하면서, 온계동계도 자연

스레 향약의 범주에서 이해되었다. '온계동약'이란 명칭은 온계
동계를 향약으로 인식한 것이다.

1639년(인조 17) 경상도 삼가三嘉에서 시행된 옥계정계玉溪亭溪
도 처음에는 동계의 형태로 제정되었지만, 후대에는 향약을 표
방하였다. 옥계정계는 옥계동계玉溪洞契·옥계동약玉溪洞約이라고
도 부른다. 합천댐으로 수몰된 지금의 경상남도 합천군 봉산면
의 옛 노파리에 있었던 옥계정玉溪亭이라는 누정을 중심으로 결
성되었다. 이곳 출신의 송정렴宋挺濂(1612-1684)은 옥계정 인근에
있는 여러 반촌의 사대부와 함께 '옥계동'이라는 '동'을 설정하
였다. 동의 사대부끼리 상호부조하고 옥계정에 모여 친목을 다
지기 위한 모임에서 옥계정계가 출발한 것이다. 옥계정계도 일
반적인 사대부의 동계로 운영되다가, 늦어도 1774년(영조 50)부
터는 향약을 표방하였으며, 옥계동약이라고도 불리게 된다.

아! 남전여씨향약의 규약은 그 유래가 오래되었다. 대
개 그 본뜻은 풍속을 바르게 하고 예의를 일으키는 것
이다. 세상이 그릇되어 풍속이 어지러워져 따르지 않
는 자가 드물지 않게 되었다. 그리하여 옛적 우리 선부
로先父老는 그 풍속의 퇴패를 탄식하며, 일동一洞의 상
하노소上下老少와 향약을 결성하였고, 조사문생弔死問生

하고 환난상구患難相求하는 조례를 하나같이 쫓아, 봄과 가을 강신講信하는 때에 상하가 등급을 나누어 자리를 열어서, 정돈하여 가지런히 좌정한 후, 공사원과 유사가 별석別席하였다. 좌중은 향약절목의 의義를 상하에 효유한 연후에 선선악악善善惡惡함이 숨겨짐이 없게 적발하여 가볍고 무거움에 따라 상벌을 내리니 처음부터 마지막까지 어김이 없었던 것이 백년이 넘었는바, 근래 인심이 예전 같지 않아 나날이 강쇄降殺되어 명분이 문란해지고, 기강이 해이해짐이 장차 말할 수 없을 지경에 이르렀으니 애석함을 이길 수가 없다.

— 1774년 「옥계동내부조절목玉溪洞內扶助節目」 中

위의 문서는 옥계정계의 상호부조 규정을 새롭게 제정하고 그 앞에 수록한 서문이다. 서문에서 자신들의 결사 조직인 옥계정계를 향약으로 단정하였다. 처음부터 주자증손여씨향약의 정신을 계승한 향약 조직으로 출발했다는 것이다. 향약의 명부인 선적과 악적을 운영하고, 향약 의례인 강신례를 정기적으로 거행해 왔음을 밝히고 있다.

그런데 옥계정계에는 1744년 작성된 네 편의 동안洞案이 전해진다. 동안은 동약·동계의 구성원 명부인데, 옥계정계 동안

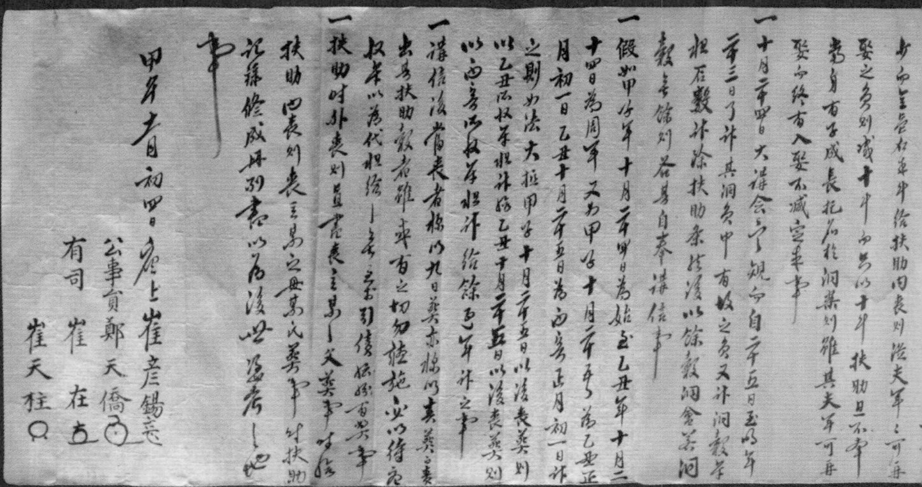

그림 19 「옥계동내부조절목」

玉溪洞內扶助節目

嗟我藍田呂氏鄉約之規其來已久盖具本意正欲

俗與禮教之芸澤俗末失一者鮮矣扶持教誨

先父兄所其風俗之頹敗與一洞上下老少結為鄉

約而為卿兄弟善相勸惡相規患難相恤患信相

上下不亭使鄉鄰誓齊有司

別庶幾乎以鄉約卿目之義曉諭上下故

嗟者為非不得近以末人不可古日漸浮薄況

者有年以後相勸懶墮可於之院可聘情

我可不堪難我僅自今為力揚等法某畫一不

拘私情作行可遵等者實之惠者別州之春

扶持信時操而未之至於錢穀則而有司主之命

罹讓等處於如縮私情且洞禁托辰之為多

論田外表為正祖全長年扶助心福芙用之事

一者原其得未節目中美時納助米太羹之一

宣觀目之溢永為柏業起行今為掌基

條例

一夏收若秋收排措於邡備積深荐石費務倉傋案

扶助為一之數

一扶助之後健知呂家之數言固溫食之為猝飢飽息我以善扶以

侯費稿稻固圍溫食多為猝飽健以善扶以

見是非多端平世延洞滿庶物法不省教文

에는 운영 규정도 함께 수록되어 있다. 그러나 이들 자료에는 향약을 직접적으로 언급한 기록이 전혀 없다. 옥계정계 결성에 중심적 역할을 했던 송정렴의 기록에도 친목을 위해 계를 결성했다는 것만 밝히고 있을 뿐이다. 다만 18세기 초·중반에 제정된 것으로 추정되는 '완의'의 조항 속에 "봄과 가을 중월仲月에 강신례를 거행하고 상하의 과실을 바로잡는다"라는 규정이 있어서, 향약에 있는 강신례와 선적·악적과의 관련성을 엿볼 수 있다. 이러한 점을 감안한다면, 옥계정계도 처음에는 동계로 출발하였으나, 후대에 성리학적 권위를 부여하기 위하여 향약으로 그 외형을 탈바꿈한 것이 된다.

이처럼 16-17세기 사대부 주도의 향촌 질서가 구축되는 과정에서 반촌을 중심으로 동계가 결성되었다. 비슷한 시기 향약이 향촌사회에 보급됨에 따라, 사대부 세력은 자신들의 결사 조직에 향약을 접목하였고, 그 과정에서 기존의 동계가 '동의 향약'인 '동약'으로 불리는 사례가 나타난 것으로 이해할 수 있다.

한편, 조선 후기에 이르면 성리학적 규범 체계가 생활 저변에 자리매김하였다. 동계를 동약으로 인식하게 되는 시점도 이 무렵으로 판단된다. 따라서 조선 후기 '동' 단위로 제정되는 사대부 주도의 결사 조직 중에는 처음부터 '동약'으로 명명하고 향약 규정을 완비한 사례를 적지 않게 확인할 수 있다. 18세기 결성된 대구 부인동동약夫仁洞洞約과 경기도 광주廣州 경안면慶安面의 이리동약二里洞約이 대표적인 사례이다.

먼저 부인동동약은 대구 옻골 출신의 최흥원崔興遠(1705-1786)이 1739년(영조 15)에 처음 결성한 동약 조직이다. 중산中山·근전芹田·무산舞山·부남夫南 네 개의 촌락을 하나의 '동'으로 설정하였으며, 최흥원의 경주최씨慶州崔氏 일문이 동약을 주도하였다. 부인동동약은 부세 대응, 빈민 구휼, 교육 등의 공동체 사업을 수행하면서, 이와 관련된 여러 편의 절목을 제정하였다. 그중에서도 동약 구성원이 지켜야 할 도리와 상호부조 규정은 '동약절목洞約節目'이라는 제목으로 제정되어 있는데, 이황의 향약을 계승한 김기향약을 그대로 인용한 것이다. 그리고 동약 구성원이 향약을 실천할 수 있도록 독약례와 강신례 절차도 제정해 놓았다.

이리동약은 안정복安鼎福(1712-1791)이 1756년(영조 32)에 실시한 동약이다. 안정복은 이리동약의 서문에서 동약의 시행 취지를 다음과 같이 언급하였다.

> 나는 『주례』를 읽고 성왕聖王이 천하를 다스린 대법大法을 알았다. … 한漢·당唐·송宋·명明으로 내려오면서 삼로三老·이정里正·보장保長·방장坊長의 법이 있었으니 역시 그 제도였다. … 그래서 영달하지 못하고 아래에 있는

군자가 간혹 마음과 몸을 닦고 집안을 다스리는 와중에 여력이 있어서, 그것을 향리에 미치게 하여 사람들을 착하게 인도하더라도 주제넘게 윗사람 흉내를 낸다거나 아랫사람으로서 예법禮法을 논한다는 혐의가 없었다. 예컨대 남전여씨향약이 바로 그것이다. 우리나라 선배로서 수령직을 맡아 고을에서 지낸 분들도 모두 의심이 없이 행하였으니, 예를 들면 일두一蠹[정여창鄭汝昌]가 안음安陰에서, 퇴계가 예안에서, 율곡이 석담石潭에서 행한 것이 이것이다. 그러니 오늘 우리 동의 입약立約 또한 참람한 일이 아니요, 실로 주상主上께서 일으켜 행하고자 하시는 바일 것이다.

—『순암집順菴集』, 「경안이리동약서慶安二里洞約序」 中

안정복은 향약의 전통이 『주례』에서 비롯되었다고 보았다. 구체적으로 언급하고 있지 않지만 그것의 기원은 『주례』에 언급된 향대부 및 향삼물鄕三物·향팔형鄕八刑 등과 같은 제도일 것이다. 그 전통은 중국의 역대 왕조에서 실시한 삼로·이정·보장·방장 등의 교화 정책과 향약 제정으로 이어졌다. 그중 향약이 우리나라에 전래되어 여러 선현에 의해 실시되었다. 안정복은 성리학자들이 이상적으로 생각하는 여러 교화 정책과 향약을 계승하여 이리동약이 제정되었음을 분명히 밝히고 있다.

그렇기 때문에 이리동약의 제 규정도 향약의 기본 형태를 따르고 있다. 구성원의 명부인 기명적記名籍, 선행과 과실을 각각 기록하는 기선적記善籍과 기과적記過籍이 있는데, 이는 주자증손여씨향약에서 말한 세 개의 장부이다. 이리동약의 동회洞會 의식은 향약의 강신례를 참조하였다. 이리동약의 '여씨향약부조呂氏鄕約附條'는 주자증손여씨향약의 4대 강목을 기본으로 하고 있지만, 세부 조항은 시의時宜를 참작하여 변용해 놓았다.

최흥원의 부인동동약과 안정복의 이리동약은 조선 후기에 제정된 동약 중에서도 운영 규정이 상세하고 체계적인 편이다. 특히 두 동약은 하층민을 포괄하는 상하합계에 속한다. 그렇기 때문에 두 동약에는 동리 안에서 신분 질서를 명확히 하고 하층민을 통제하기 위한 조항이 제정되어 있다.

그런데 하층민을 포괄하는 상하합계 형태의 동약·동계는 18세기 후반 이후에는 자취를 감추기 시작한다. 조선 후기 사대부 중심의 신분 질서에도 변화가 일어났고, 그것이 동약·동계 조직에도 영향을 끼쳤다. 특히 사대부 계층의 권위 약화와 하층민의 의식 성장은 상하합계가 구축해 놓은 향촌 질서를 위협하였다. 하층민은 사대부 계층이 주도하는 동약·동계에서 이탈하였으며, 대신 자신들의 거주지를 중심으로 별도의 촌락 공동체를 결성해 나갔다.

신분 질서의 변화 속에 상하합계 형식의 동약·동계가 해체
되었다고 해서, 향약이 가지는 권위가 동약·동계에서 사라지거
나 약화된 것은 아니다. 오히려 사대부 문화를 지향하는 새로운
계층의 성장 속에 향약의 권위가 더욱 광범위하게 활용되었다.

무릇 동에 명부가 있는 것은 향鄉에 서序가 있고, 주州
에 학學이 있는 것과 같다. 대개 옛날에는 풍속이 간박
하고 인정이 순후하여, 고기 잡고 나무하고 밭 갈고 책
읽음을 각자 수업해 왔으니, 이는 곧 만세의 큰 아름다
움이었는데, 근세에 이르러 풍속이 퇴패해지고 인정
의 소박해짐이 여러 대에 이어져 동안에 이름이 실리
는 것이 드물게 되었다. … 대개 이 동리가 동이 된 것
이 어느 때에 시작되었는지 알 수 없으나, 바다가 동쪽
에 임해 있어 해가 처음 뜨고 물과 육지가 뒤섞인 집들
이 즐비하니, 한 동리의 사람들은 같은 들판에서 쟁기
질 하며 농사일에 힘쓰고 같은 바다에서 배타며 생애
를 보내며, 질병이 있으면 함께 돕고 수화水火에는 서
로 구제하니, 비록 행원杏垣의 이웃이 아니지만, 오히려
남전藍田의 옛 규약을 지키니, 이것은 습속의 돈후함과

이웃 간 서로 구휼함이 정말로 지금 세상에 하나 있는
오래전 백성들의 동리가 아니겠는가?

—「동안洞案」, 김경두金景斗 서문 中

　위의 서문은 강원도 평해(지금의 경상북도 울진) 구암동狗巖洞의
동계 조직이 1909년 작성한 「동안」의 서문이다. 서문에서는 구
암동동계가 향약의 전통을 계승한 것이라고 하였다. 또한 동안
의 전통이 고대 중국의 향서鄕序와 주학州學에 버금간다고 하였
다. 유학의 교육·교화 기관과 향약에서 동계의 연원을 찾고 있
다. 이러한 평가는 16세기 이후 여러 명현들이 작성한 동약·동
계의 서문에서도 확인할 수 있는 대목이다.
　그런데 서문에 언급되어 있듯이 동해안 가에 위치한 구암동
은 반농반어半農半漁의 촌락에 해당한다. 구암동에는 밀양박씨
密陽朴氏 가문의 족세가 강하나, 주민들의 생업과 촌락에서 거행
되는 의례의 형태를 보았을 때 전통적인 반촌과는 거리가 멀다.
따라서 구암동의 동계는 일반적인 반촌의 동족의식과 별개로
촌락민의 생업과 관련 깊은 공동체 조직이다. 실제 구암동 동계
의 주요 사업도 상호부조, 복리 증진, 부세 대응이 주축을 이루
고 있으며, 어촌 촌락의 특징을 살려 미역 채취나 멸치 조업을
조정하는 역할을 했다.

1909년 구암동 「동안」

　구암동동계가 시작된 시점은 1840년 무렵이다. 1840년 구암
동동계에서 제정한 완의에는 다음과 같은 구절이 있다.

　　생각하건대 우리 상上·하촌下村이 합동合洞했을 때 각항
　　各項 상납上納이 복잡할뿐더러, 시비가 가끔 일어남이
　　끊이지 않는 까닭에 상·하 촌민이 별반으로 공의公議하
　　여 박곡朴谷은 박곡의 동역洞役을 하고, 구암은 구암의
　　동역을 한다면, 장래에는 끝내 예전처럼 안도할 것이

니, 이에 영구히 준행할 일.

이 완의는 1840년 구암동이 이웃한 박곡동과 '분동分洞'할 때 작성한 것이다. '분동'은 동약·동계의 단위인 '동'이 분리됨을 뜻한다. 동약·동계는 보통 하나의 촌락으로만 구성되는 것이 아니라, 주도 세력의 영향력이 미치는 복수의 촌락을 포괄하기도 한다. 그럴 경우 사대부 계층이 세거하는 반촌이 주로 동약·동계를 주도적으로 운영하였다. 따라서 상대적으로 사회·경제적 지위가 낮은 촌락은 조직 운영에서 통제를 받거나 불이익을 당하는 경우가 적지 않았다. 그런 가운데 사회·경제적 지위가 낮았던 촌락의 여건이 좋아지고, 촌락민의 의식도 성장한다면, 이들은 동약·동계를 주도하던 세력에게 동등한 권리를 요구할 것이다. 만약, 그 요구가 관철되지 않을 경우, 기존의 동계·동약에서 이탈하여 별개의 공동체 조직을 운영하게 되는데, 그것이 바로 '분동'의 형태로 나타난다. 앞서 살펴본 부인동동약이 19세 중반 중단된 것도 바로 '분동' 때문이었다.

1840년 구암동의 분동도 같은 이유일 것이다. 원래 박곡동과 구암동은 하나의 동으로 묶였는데, 부세 문제로 분쟁이 빈번하게 발생하였다. 그래서 의논을 모아 분동을 하기로 합의를 보았고, 구암동은 박곡동과 완전 별개의 동계를 운영하게 된다. 그런데 완의에 따르면 박곡동이 상촌, 구암동이 하촌으로 인식되고 있다. 아마 하나의 동으로 묶였을 때, 구암동보다 박곡동의 사회·경제적 지위가 상대적으로 우위에 있었던 것으로 보인다. 즉, 구암동이 분동을 요구한 것도 촌락민의 사회·경제적 성장으로 이해할 수 있다.

구암동은 1840년에 분동하여, 비교적 늦은 시기에 동계를 운영하였다. 이러한 점을 감안할 때 구암동 동계는 조선시대 결성된 유서 깊은 반촌의 동약·동계와 같은 선상에서 이해하기 어렵다. 그럼에도 불구하고 위의 1909년 서문에 언급되어 있듯이, 구암동의 촌락민은 자신들의 동계가 향약에서 유래한 것으로 보았다. 더 이상 향약은 양반 사대부 계층의 전유물이 아니었다.

조선 후기 이후 신분 상승의 욕구와 더불어 사대부 문화를 지향하는 계층의 수가 증가하게 된다. 그러면서 기존의 사대부 계층이 향유하던 문화와 규범이 사회 저변으로 확대되어 갔다. 향약도 마찬가지였다. 특히 전통적인 신분 관념이 해체되어 가는 근대 전환기에 이르면, 일반 촌락민도 자신들의 결사 조직에 향약 정신과 규정을 접목시키는 경우가 늘어나게 된다. 현재 우리가 향약을 양반 사대부만의 규범이 아니라, 향촌사회의 보편적인 실천 규범으로 인식하는 것도 이렇게 조선시대 동안 사회 저변에 뿌리를 내렸기 때문이다.

동약의 촌락 공동체 사업

조선시대 동안 여러 형태의 향약 조직이 운영되었다. 그중에서도 실제 생활과 밀접한 향약의 유형은 바로 동약·동계일 것이다. 동약·동계는 '동' 안의 촌락 구성원을 위해 각종 공동체 사업을 수행하였다. 교육을 위한 장소와 기금을 마련하고, 촌락의 공공시설 건립과 의례를 준비하기도 했다. 특정 가문이 모여 사는 동성 촌락에서는 조상추숭사업을 관리하는 경우도 있었다. 이러한 동약의 여러 사업 중에서 가장 중요한 것이 구성원 간의 상호부조와 공동납共同納으로 대표되는 부세 대응일 것이다.

먼저 상호부조는 공동체 및 질서 유지와 관련이 깊다. 형태는 달리하지만, 현대인들도 여러 조직에서 또는 친구 및 일족 간에 기금을 조성하여 경조사에 대비한다. 이를 통해 구성원 간의 결속력과 우애를 다지고, 공동체의 안정을 유지할 수 있다. 조선시대 때 동약·동계 등 여러 결사 조직의 상호부조는 주로 상장례喪葬禮를 대비하였다. 특히 사대부 계층에서 있어 상장례 거행은 향촌사회 내에서의 지위 유지와 직결되었다.

조선시대 사대부는 각종 의례를 『주자가례朱子家禮』에 따라 거행하였다. 『주자가례』는 주자가 사대부 집안의 예법과 의례를 규정한 책으로서, 조선시대 사대부 가례의 전범이었다. 『주자가례』 준수는 단순히 주자 성리학의 실천에 그치지 않는다. 사대부가 사대부로서의 사회적 지위를 유지하는 데 반드시 필요한 실천 의례이자 윤리였다. 만약, 경제적 여건이 뒷받침되지 못해 의례를 제때 거행하지 못한다면, 사대부로서의 사회적 지위를 유지하는 데 큰 결격 사유가 될 수밖에 없었다. 동계에서 상호부조 조항이 많은 것도 많은 물력이 소용되는 사대부 집안의 상장례를 대비하기 위해서이다.

이와 관련해 먼저 예안의 계상동계溪上洞契를 살펴볼 필요가 있다. 계상동계는 1677년(숙종 3)부터 1846년(헌종 12)까지 169년간 실시되었는데, 16세기 때 결성된 온계동계의 전통을 계승한 것이다. 예안온계 앞을 흐르는 토계兎溪 주위를 개척하며, 진성이씨 일족은 족세를 번창시켜 나갔다. 계상이란 반촌도 이때 형성되었다. 계상에 정착한 진성이씨 일족이 별도의 동계를 만들었는데, 그것이 바로 계상동계이다.

계상동계도 온계동계처럼 상하합계의 형태로 운영되었다. 운영 규정은 모두 20개 조로 구성되어 있는데, 앞의 12개 조는 퇴계 이황이 제정한 퇴계향약의 벌목을 옮겨 온 것이다. 나머지 8개 조는 온계동계의 규정을 약간 변용하였다.

하나. 약중約中에 화재가 있으면 상하가 서로 모여 구원하고 또한 위문한다. 각기 빈 가마니[空石]와 이엉[蓋草], 장목長木을 내어 힘써 도와준다. 도적을 당하면 서로 구원하고 질병이 있으면 서로 문안한다. 전염병[癘疫] 때문에 농사일을 못 하면 상하가 각기 농군農軍을 내어 밭을 갈거나 씨를 뿌리거나, 김을 매거나 수확해 준다. 홀아비·과부·고아 또는 늙어서 자식 없는 사람[鰥寡孤獨]이 몹쓸 병에 걸렸는데, 돌봐 줄 사람이 없는 자는 모두 가엾게 여기고 도와주어, 잃어버리는 바가 없게 한다.

하나. 약중에 초상이 생기면 상하가 모두 모여 함께 조문한다. 호상유사護喪有司 1원과 하유사下有司 2인을 정하여 돌보게 하며, 장례 때 또한 그렇게 한다. 양반은 각기 힘센 종[壯奴] 한 명을 내고 상인常人이면 역부役夫 1명을 내어 상여를 메거나 묘소를 만드는 데 하루 동안 가서 일을 도와준다.

하나. 흉사는 상하 모두 각기 백미 두 되, 탁주 여섯 사발, 통 한 기器, 일꾼 한 명을 내는데, 만약 다른 일이 있는 자는 하루 나와 일하고, 뒤에 곡식 두 말을 거두어들인다.

─「온계동규溫溪洞規 부附 계상동계溪上洞契」中

위의 조항은 계상동계의 운영 규정 중 상호부조와 관련된 것이다. 기본적으로 재난이 일어났을 때, 상장례 때, 각종 흉사를 당했을 때 물력과 노동력을 내어 주고, 슬픔을 나누기로 규정하고 있다. 특히 이 조항은 20개 조에 이르는 계상동계 규정 중에서도 가장 상세한 편이다. 계상동계가 구성원 간의 결속력 강화와 공동체 유지에 있음을 잘 보여 준다.

이러한 상호부조 항목 중 사대부 입장에서 가장 절실한 것이 노동력 차출이었다. 하층민의 노동력이 필요한 것은 상장례 때뿐만이 아니었다. 하층민의 노동력은 동내에서 거행되는 각종 의례와 행사, 공공사업을 수행하는 데 반드시 필요하였다. 사대부 계층은 동계 조직을 통해 '동' 안의 하층민과 각종 하계 조직을 통제하고 노동력을 징발하였다. 그렇기 때문에 이러한 형태의 동계·동약은 상하합계 형태로 운영되었으며, 명문 벌족이 세거하는 반촌에서 쉽게 확인된다.

1719년(숙종 45) 경상도 삼가의 옥계정계에서는 동안을 새롭게 정비하면서, 개정된 규정을 완의로 남겼다. 해당 완의는 모두 10개 조로 구성되어 있는데, 아래의 조항은 하층민에 대한 통제 규정이 보다 구체적으로 언급되어 있다.

이 완의는 동의 풍속을 부식扶植하고 기강을 일으키기 위한 것이다. 우리 동의 풍속은 평소 순후하였으나, 근년 이래 예禮가 무너지고 풍속이 경박해져 사람마다 그 마음에 연소자는 어른을 알지 못하고, 천인賤人은 귀인貴人을 알지 못하며, 논의할 때에 이르러서는 망령되이 스스로 존대하고, 혹 지위가 낮은데 소리를 높이고, 혹 연소한데 잘못된 의논을 일으켜 장로를 장로로서 대하지 아니하고, 집강을 집강으로서 대하지 아니하니 … 지금 이후부터 만약 외람된 자가 동의 여론을 빗나가게 하고, 언사가 거만하고 무례한 것은 동내에서 있을 수 없으니 동안에서 삭거削去할 것이다.

하나. 상한常漢[상놈]의 선악은 일일이 장부에 적어서 상벌을 행하고 그중에 완악한 자는 일제히 관에 정문呈文을 올려 엄하게 다스리며, 불통수화不通水火할 것.

하나. 동내 상한과 향도香徒 등이 조묘造墓와 성빈成殯의 역을 동유사가 미리 분부한 후에도 거역하고 행하지 않거나, 유사의 분부가 아닌데도 사사로이 일을 할 경우가 있으니, 이 습속이 매우 통탄스러우므로 지금 이

후로 규찰관糾察官과 동유사가 함께 이름을 장부에 적
은 뒤 강신과 회집하는 때에 좌중에 두루 보인 다음 일
일이 벌을 내릴 것.
하나. 동내의 수행원이 만약 혼상昏喪을 당하면 상중하
를 막론하고 유사가 동중에 발문發文·통고通告하여 각기
두루 돌아보고, 아무 까닭 없이 불참하는 원은 삭적하
고 제마수齊馬首를 하게 할 것.

—「동안 기해년수정洞案 己亥年修正」,〈완의完議〉中

1719년 옥계정계에서는 새롭게 동계 규정을 완의하였다. 그
서문에서는 완의의 목적이 상하 간의 질서를 뚜렷이 하는 데 있
다고 명시해 놓았다. 이는 동계 안에서 하층민이 사대부의 통제
를 잘 따르지 않고 있음을 의미한다. 옥계동에서 하층민은 상한
과 향도라고 불렀다. 여기서 향도는 상장례 때의 상여꾼으로 보
이며, 상하합계에서 하계를 구성하였다.

상한과 향도는 옥계정계 내에서 노동력으로 동원되었다. 무
덤을 조성하는 조묘와 빈소를 차리는 성빈 때는 많은 노동력이
필요한데, 사대부에서 임명되는 동유사가 이들의 노동력을 차
출하고 통제하는 것으로 나타난다. 만약 동계의 지시를 듣지 않
거나 상장례 때 참여하지 않으면, '불통수화'와 '제마수' 같은 처

상여행렬, 국가문화유산포털 전재

벌을 받았다. 여기서 '불통수화'는 동리 안에서 일체 교류하지
않는 것이며, '제마수'는 용서받는 대신에 술과 음식을 다른 구
성원에 대접하는 것이다.

한편, 동리 안에는 다양한 목적의 결사 조직이 존재하였다.
하층민들도 상호부조와 생업 및 공동노동을 목적으로 하는 조
직을 별도로 운영하고 있었다. 이에 사대부들은 자신들이 주도
하는 동계·동약 조직으로 이들을 통제하고, 하층민의 조직을
노동력으로 동원하고자 했다. 1601년(선조 34) 경상도 예천 고평

동高坪洞에서 시행한 동계는 이러한 하층민 조직을 체계적으로 관리하였다.

원래 고평동계高坪洞契는 임진왜란 이전부터 존재하였으나, 전란으로 중단되어 1601년 새롭게 중수하였다. 당시 중수를 주도한 인사는 선조 연간 정승을 지낸 정탁鄭琢(1526-1605)이었다. 정탁은 향약을 중수할 때 작성한 서문에서 "남전여씨향약 전질全帙을 빌려다가 참고하면서 현실에 맞는 몇 가지를 간추리니 겨우 여씨향약에서 열에 한둘에 불과하나 힘써 따르기에 편리한 것과 세속의 사례를 몇 가지를 끼워 넣어 한 편으로 만들었다"라고 하였다. 고평동계 역시 주자증손여씨향약을 따르되 시의를 참작하여 변용한 것이다.

상계上契
- 도유사都有司: 1원
- 부유사副有司: 좌우 2원

하계下契
- 유사: 3인
- 고직庫直: 2인
- 영수領首: 정원에 한정이 없음

그 밖에 혹 영장領長을 두어 그 영領을 규찰하는 소임을 맡긴다.

—「고평동계약문高坪洞契約文」, 〈계중입식契中立式〉 中

하계의 서인庶人이 이것[약조]을 어기는 등의 죄를 저질
렀을 때 가벼우면 당대當隊의 영수가 스스로 규찰하거
나, 아니면 벌주罰酒를 준다. 무거우면 하계유사에게 알
리고, 하계유사는 수본手本[보고 서류]을 상계유사에게 바
치며, 상계유사는 범한 바에 따라 여러 존위尊位에게 고
하여 벌을 주되, 만약 큰 잘못을 저질렀으면 사유를 일
일이 들어 단자를 써서 관아에 알리어 법의 심판을 받
게 함과 동시에 동계에서 영원히 축출한다. 만약 스스
로 뉘우쳐 벌을 받고 향례대로 복속하기를 원하거나
조약에 따라 벌을 받기 원하면 들어준다. 무릇 사노私奴
가 약조를 어겨 저대로 그 죄가 있는데도 그 주인이 간
혹 정리로 비호하는 자가 있으면 각별히 벌을 준다. 그
래도 경계할 줄 모르고 도리어 구실을 붙여 약조를 경
시하는 자는 영원히 동계에서 축출하고 공동 우물을
사용하지 못하도록 한다.

—「고평동계약문」, 〈금제조禁制條〉 中

고평동계 관련 규정과 문적을 엮어 놓은 「고평동계약문高坪洞契約文」에 따르면 상계와 하계에 각각 임원을 둔 것으로 나타난다. 운영 규정인 '금제조禁制條'에서는 하계에서 죄를 범하는 일이 발생할 경우 하계유사가 전말을 갖추어 상계유사에게 보고하는 상하 구조를 명백하게 규정하였다.

특히 주목할 점은 하계에 대한 규찰을 '당대의 영수'가 맡는다고 규정한 대목이다. 여기서 '당대'와 '영수'는 농경사회에서 유래한 두레 용어로 보인다. 두레에서는 일정한 인원으로 각 대隊를 만들고 그 대의 장을 영수라고 하였다. 당연히 두레 조직은 하층민으로 구성되었다. 고평동계의 특징은 하층민을 개별적으로 통제한 것이 아니라, 두레 조직을 하위 구조에 두고 상하 관계를 명백하게 규정하였다. 이를 바탕으로 고평동의 사대부들은 상호부조나 동리 단위의 공공사업 때, 두레 조직이 관리하는 개별 하층민의 노동력을 활용하였을 것이다.

상호부조와 더불어 부세 대응도 동계·동약의 중요한 공동체 사업이다. 조선 후기 하위 행정 구역이 정비됨에 따라, 각종 부세와 잡역세雜役稅 등이 면리 단위로 부과되었다. 그중 동리 단위로 부과되는 부세는 동약·동계 조직이 공동납의 형태로 대응하였다. 그 방법으로는 특정 동리에 일정 분량의 부세가 부과되면, 동약·동계 조직이 동리 안에 거주하는 촌락민의 사정을 감안하여 재분배한 세액을 거두어들이는 형태와 '존본취식存本取殖'을 통해 동리에서 부세를 미리 대비하는 형태가 있다.

부세 중 잡역세의 경우 관아 운영이나 수령 부임 때 투입되는 비용, 기타 부족한 세액을 메꾸기 위한 명목으로 부과하였다. 잡역세는 비정기적으로 부과되는 경우가 많았기에 일반적인 부세와 달리 미리 대비할 필요가 있었다. 해당 비용은 주로 동약·동계에서 '존본취식', 즉 돈을 빌려주고 이자를 늘리는 방식으로 마련하였다.

대구 부인동동약의 '선공고先公庫'는 공동납의 모범적인 사례로 평가된다. 선공고는 "공적인 일을 먼저하고 사사로운 일을 뒤에 한다"라는 '선공후사先公後私'라는 용어에서 취한 것으로 최흥원이 주도하여 1753년에 조성하였다.

> 약중에서 부유한 자들과 약속하여, 공세公稅를 먼저 내고 백성을 편안하게 하는 방도를 도모하였다. 이에 동의 밭 1단을 팔아 수천 전을 받고 또 강회講會에 쓰고 남는 것을 별도로 저축하여, 해마다 늘였다가 이자를 떼어서 토지를 매입한 것이 수십 년에 이르니, 사들인 논이 1백여 두락에 가깝고 저축한 곡식도 수백 곡斛에 이른다. 그 밭을 공전公田이라 하고 창고를 공고公庫라고

해서, 이것으로써 약중 백성의 세역稅役에 충당하기로 하였다.

—『부인동지夫仁洞誌』「공전비문公田碑文」中

위의 「공전비문公田碑文」은 1765년에 선공거의 조성 경위를 밝히기 위해 찬술되었다. 비문에서는 동리 백성에게 공동납이 형태로 부과되는 공세, 즉 부세를 선제적으로 대응하기 위해 선

그림 22 『부인동지』 국가문화유산포털 전재

공고를 조성한 것이라고 하였다.

　선공고의 재정은 하루아침에 조성된 것이 아니었다. 우선 동의 밭을 팔아 기본 자금을 마련하고, 이를 여러 해 동안 이자를 놓아 다시 공전을 매입하는 방식으로 조성한 것이다. 그리고 이를 관리하기 위한 규정으로 「선공고절목先公庫節目」을 제정하였다. 그 절목에 따르면 선공고는 상안上案, 즉 사대부로 구성된 상계에서 뽑은 상유사 1인과 하안下案, 즉 하계에서 뽑은 하유사 1인에 의해 관리되었다. 동리의 사대부와 하층민이 공동으로 관리하는 선공고는 공동납의 모범 사례로서 조정에도 알려졌다. 당시 경상도관찰사는 최흥원의 부인동동약에 대해 다음과 같이 보고하였으며, 정조는 신료들에게 최흥원을 등용하라고 지시하였다.

　　전 주부主簿 최흥원은 행실이 훌륭할 뿐만 아니라, 재물을 내어 빈궁한 사람을 구제하였으며, 집안에 '선공후사'의 창고가 있어서 이웃 사람들이 상부常賦[일정한 부세]가 무엇인지 모르고 있으며, 또 향약으로 권장하고 가르칩니다.

　　　　　　　　　　　　　　　—『정조실록』 7년 2월 19일 기사 中

이리동약을 시행했던 안정복도 공동납을 적극 활용하고자 했다. 다만 그의 공동납 구상은 수령 때 계획되었다. 안정복은 평소 왕도정치 실현을 위해, 그 대리인으로 지방에 파견되는 수령의 올바른 자세에 대하여 고심하였다. 그 결과 수령의 정무 지침서라 할 수 있는『임관정요臨官政要』를 저술하게 된다.

1776년(정조 즉위) 안정복은 목천현감木川縣監으로 부임하였다. 안정복은 자신이 구상했던 수령 통치를 목천현에서 시험하고자 했다. 그는 수령 통치에서 교화와 명분을 우선순위로 삼았으며, 그 후에야 세세한 절목이 이루어진다고 보았다. 안정복은 수령을 보조할 교화 체계로 동약을 주목하였다.

이와 관련해『임관정요』에서는 "모든 정교政敎는 동약이 시행된 뒤에야 쉽게 거행할 수 있다. 부임한 뒤에 동리에 동약이 있는지 없는지를 묻되 동약이 있으면, 그 동헌洞憲을 거둬들여서 미비한 약조는 정리한다"라고 하였다. 고을의 교화는 올바른 동약의 실시 여부에서 시작된다고 보았다. 그렇기에 부임 직후 목천현 전체에 다음과 같은 유시문을 내리게 된다.

들건대 이곳에는 모두 동계가 있다고 하는데, 무릇 한 동네 안에서 선을 표창하고 악을 미워하는 일이 있다 면 그 동네의 정사가 닦여서 교화가 밝아지고 명분이 바르게 되는 것이 이로부터 가능해질 것이다. 이는 실로 옛사람이 행한 향약의 뜻이며, 향리의 비比·여閭·족族·당黨의 운영도 이를 통해서 행해지는 것이다. 각 마을의 군자들은 동헌을 잘 다듬어서 실시하되, 이 두 가지를 반드시 실천해야 할 급무急務로 삼기 바란다.

—『순암집順菴集』, 「목주정사木州政事」中

안정복은 목천현에서 동리 단위로 결성된 자치 조직의 현황을 파악했을 것이고, 동약은 아니더라도, 관내 곳곳에 동계가 조직되어 있음을 확인하였다. 18세기 후반에 이르러 동리별로 광범위하게 동약·동계 조직이 운영되고 있었던 것이다. 안정복은 지금 목천에서 동약이 없더라도, 동계 조직이 있으면 동규를 제정하여 향약의 형태로 운영하면 된다고 판단하였다. 나아가 안정복은 동약을 단위로 방역소防役所를 운영하고자 했다.

방역소는 방역고防役庫라고도 불리는 민고民庫이다. 민고는 고을별로 공동납의 형태로 부과되는 각종 잡역세를 대비하기 위해 만든 재정 기구였다. 이를 위해 안정복은 방역전防役錢을 조성하였으며, 이를 운영하기 위한 규정으로 8개 조의 절목과 23개 조의 추후追後 절목을 제정했는데, 여기서 눈여겨볼 대목은 방역전의 관리 및 운영 계통이다.

「**방역소절목**防役所節目」

하나. 2백 냥을 마련한 뒤 8개 면의 각 동에 나누어 준
다. 동이 모두 40개이므로 매 동당 5냥씩 나누어 관리
케 하고 이름을 방역전이라 한다. … 각 동의 상존위上
尊位 및 여러 소임들이 맡아서 내어 주고 받아들인다.

하나. 지금 이 방역소를 관가에 설치하고, 유향소와 아
전 무리로 하여금 맡아서 관리하게 하고자 하나, 만일
관가에 설치한다면 그 수가 방대하여 거두고 내는 때
에 반드시 한 가지 폐단이 생길 것이다. … 그러니 대소
백성들은 이런 뜻을 부디 깊이 체득하여 오래도록 시
행할 수 있게 해 주기 바란다.

하나. 이 돈이 이미 동의 물건이 되고 나면 동의 상계
및 소임들이 이를 침탈해서 쓰는 경우가 필시 많을 것
이니, 이럴 경우 완의를 통해 논벌해서 손을 대지 못하
도록 한다.

「**방역추후절목**防役追後節目」

하나. 각 리의 백성으로서 동을 이루지 못하여 통괄하
는 곳이 없는 자들은, 부근의 동에 분속시켜서 규례에
따라 거두고 낸다.

하나. 이 돈은 사채私債와는 다르다. 그러므로 사고가 있다고 핑계대어 받기 어려운 자가 있으면, 관에 알려서 면임으로 하여금 징수해 주게 한다.

하나. 매년 가을 모임을 마친 후에 각 동에서는 나누어 주고 받아들인 문서 한 통을 면유사面有司에게 바쳐서 증빙 자료로 삼는다.

하나. 대동의 역[대동세]을 당하여 관가에서 옛 규례에 따라 전령傳令하여 도유사에게 알려주기만 하면, 도유사가 각 면의 존위尊位에게 통고한다. 그리하여 각 면별로 거두어 면유사의 집에 모으게 하고, 각 동의 신실한 하소임下所任을 시켜서 문서를 갖추어 관에 바치도록 한다.

하나. … 상계上契와 당시의 소임所任은 절대로 이 돈을 써서는 안 되며, 이것을 범한 자는 면존위面尊位가 적발하여 벌을 준다.

—『순암집』「목주정사」中

위의 두 절목은 안정복이 동약을 어떻게 이해했는지를 잘 보여 주는데, 여기서 확인되는 특징을 추려 보면 다음과 같다.

첫째, 방역전은 '방역소-면-동'으로 분배되는데, 최종적인

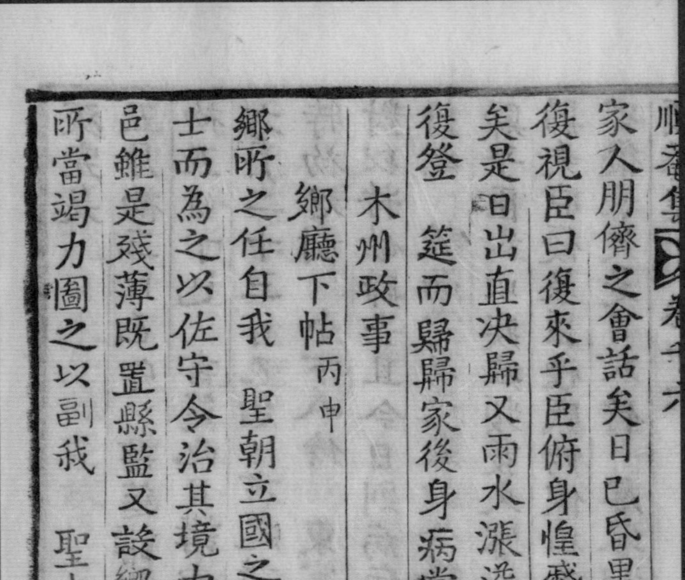

家人朋儕之會話矣日已昏黑皆告退退時　東宮

復視臣曰復來乎臣俯身惶蹙而退司鑰持燭入來

矣是日出直決歸又雨水漲溢七月初十日始歸不

復登　筵而歸歸家後身病常動呈而遞

木州政事

鄉廳下帖　丙申

鄉所之任自我　聖朝立國之　後精選境內賢能之

士而為之以佐守令治其境內莫非為民之事也本

邑雖是殘薄既置縣監又設鄉所則便民革獎之道

所當竭力圖之以副我　聖上慈恤元元之至意母

그림 23 안정복의 「목주정사」

분배는 '동' 단위로 이루어졌다. 여기서 '동'은 안정복이 조직을 권장했던 동계·동약의 시행 범위이다. 최하위 행정구역 단위로는 '리'가 있지만, 자치 조직이 결성되어 있는 '동'을 운영 단위로 설정하였다. 만약 여기서 제외된 '리'가 있다면, 인근 '동'에 분속시켜 운영하도록 했다.

둘째, '동'에서 방역전은 동계·동약 조직이 운영하였는데, 그 운영 책임은 사대부로 구성된 상계가 맡았다. 안정복은 사대부가 실질적으로 통제할 수 있는 '동'을 향촌 교화 정책의 단위로 설정하였으며, 나아가 이 조직을 각종 부세에 대응하는 자치 조직으로 운영하고자 했다. 향촌의 실질적인 담당자에게 부세를 담당하게 함으로써, 중간 계층의 농간이 개입하는 것을 방지하려 했던 것으로 보인다.

셋째, 유향소[향청]과 질청은 방역전 운영에서 제외하였다. 대신 교화를 담당하는 동약 조직에게 방역전 운영을 전담시킴으로써, 관부의 개입을 차단하고 있다. 부세를 거두어들이고 납부하는 데 있어서, 명목 없는 잡세가 발생하는 폐단을 무수히 목격하였기에 향청과 질청의 개입을 배제한 것이다.

넷째, 관부는 단지 방역전 운영을 감독하고 행정적 지원을 해 줄 뿐인데, 이는 면리 조직이 담당하였다. 각종 면임과 이임은 동계·동약의 상계에서 함부로 방역전을 소용하지 않도록 감독하며, 방역전을 미납하는 자가 있으면 공권력을 동원해 대신 징수하는 정도이다.

최홍원의 선공고와 안정복의 방역전은 모두 부세 대응을 목적으로 조성되었으며, 동약 조직에서 운영하였다. 동약이 부세 대응에 앞장선 것은 촌락 공동체의 안정을 위해서이다. 당시 수령과 아전들은 부세를 부과하는 과정에서 가렴주구를 행하는 경우가 많았다. 과중한 부세로 인해 하층민들이 삶의 터전을 잃어버린다면 촌락 공동체 유지도 어려워질 수밖에 없었기 때문에 뜻있는 사대부들은 동약을 통해 각종 부세를 능동적으로 대응해 나갔던 것이다.

오늘날 향약 정신의 계승

향약과 같은 공동체 조직은 고대부터 존재하였다. 협동적 노동 조직인 두레, 상부상조 규범인 계 등은 유교적 가치관을 담고 있는 향약과 접목되어 오랜 세월 이 땅에서 실시되어 왔다. 사대부라면 으레 지역 사회에서 향약을 운영하며, 그 정신을 실천하고자 했던 것이다. 그렇기에 일제는 한반도의 식민지화 과정에서 전통 사회에 뿌리내리고 있던 여러 관습을 조사하면서, 향약을 비중 있게 다루었다. 원활한 식민 지배를 위해서는 농업 국가인 조선의 향촌사회 구조와 운영 원리를 명확하게 파악해야만 했다. 따라서 향촌사회의 여러 조직과 기구를 조사할 필요가 있었는데, 지역적으로 가장 광범위하게 실시될 뿐만 아니라 여러 사람이 참여하고 있던 조직이 바로 향약이었다.

해방 이후 산업화와 민주화 과정에서 대한민국 사회는 급변하였고, 그 과정에서 향약의 기능도 약화될 수밖에 없었다. 산업화는 향약의 기반이 되는 농경사회를 해체시켜 버렸다.

30-40년 전까지만 하더라도 농촌에서 향약이 시행되는 사례를 확인할 수 있었다. 예컨대 경상남도 합천군의 도산향약계는 춘궁기 때 계원에게 돈과 곡식을 대여함으로써, 구성원의 복리를 도모함과 동시에 향약 조직의 재정을 증식하였다. 이렇게 마련된 자금으로 전통을 지키고 예의와 질서를 세우고자, 촌락의 효자 및 효부에게 표창을 하거나 지역 어르신을 대상으로 연말에 음식과 선물을 제공하는 등 여러 사업을 진행하였다. 그러나 산

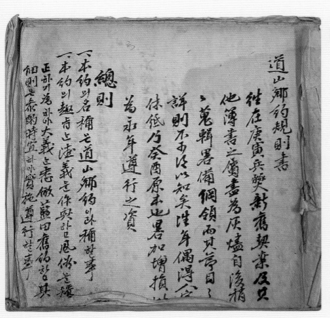

그림 24 1954년 「도산향약규칙서」

업화로 농촌 인구가 줄어들고, 급속히 고령화가 진행됨에 따라 향약의 동력도 자연스레 상실하게 되었다.

현대인의 의식 변화와 민주사회의 정착도 향약 침체의 원인이다. 근대 이후 서구에서 도래한 자유이념과 합리주의가 확산됨에 따라, 전통시대 사유 체계를 지배하던 유학은 시대에 뒤처진 고리타분한 사상으로 치부해 버리는 인식이 많아졌다. 같은 맥락에서 향약을 실시한다고 하면, 전통을 빌미로 지역의 권력자나 연장자가 자신들의 권위를 내세우는 허례의식이라는 편견을 가지기도 한다.

그렇다면 오늘날 향약의 의미는 완전히 퇴색해 버린 것일까?

조금만 눈여겨본다면 우리는 일상 속에서 4대 덕목으로 대표되는 향약 정신을 쉽게 찾아 볼 수 있다. 직장에서, 마을에서, 친구들끼리 경조사가 있으면 저마다 힘을 보태 준다. 재난이 일어났다는 소식을 듣고는 자기일 마냥 두 팔을 걷고 봉사 활동을 하는 사람들이 적지 않다. 공공의 이익과 안전을 실현하기 위해 협동 정신을 발휘하기도 한다. 향약의 상호부조와 자치정신이 가지는 실효성을 감안한다면, 우리 주위에서 향약 정신이 가미된 여러 행태를 쉽게 찾아 볼 수 있다. 대한민국의 산업화와 민주주의를 상징하는 새마을운동과 주민자치가 대표적인 예이다.

1970년대 초 농촌 현대화를 기치로 새마을운동이 실시되었다. 정부 당국은 새마을운동의 확산을 위해, 그것이 전통사회의 사회운동을 계승한 것임을 강조하였다. 즉, 계의 상부상조 정신, 두레의 협동사업, 향약의 이상사회 건설 운동과 교화 운동의 연장선상에서 새마을운동을 진행하였다. 실제 새마을운동은 시민들의 적극적이고 자발적인 참여를 통해 농촌 개발의 모범이 되었다. 비록 군사정권의 전체주의적 동원 체제라는 비판을 받기도 하지만, 함께 땀 흘리는 새마을운동의 협동 정신은 향약 정신과 다를 바 없다.

그림 25 새마을운동과 지붕 개량, 한국정책방송원

풀뿌리 민주주의를 지향하는 주민자치도 향약 정신을 찾을 수 있다. 1987년 6월 항쟁과 민주화의 성과로 지방자치법이 부활하였다. 과거 권위주의 정부에서 지방 행정구역의 대표를 직접 임명하는 것이 아니라, 향약 조직에서 덕 있는 사람을 추대하는 것처럼, 주민들이 직접 지방자치단체장과 의원을 선출하게 되었다. 나아가 근래에는 자치조직의 역량으로 지역의 현안을 처리하는 주민자치법이 논의되고 있는데, 그 과정에서 주민자치의 원형을 향약에서 찾고 있다. 향약 조직에서 공동재산을 독자적으로 운영하며, 공동체와 구성원의 복지를 위해 힘쓰는 모습이야말로, 현재 주민자치의 지향점이라는 것이다.

예전처럼 향약의 4대 강목을 실천하거나, 그 공과를 기록하는 선적·악적의 운영은 현대 사회에서는 어렵다. 그러나 각 공동체에서 구성원들이 삶의 터전을 함께 일구어 나가는 모습에서, 우리는 전통시대 향약 정신을 엿볼 수 있다. 전통과 현대의 조화는 다른 곳에 있지 않다. 시대도 다르고 삶의 형태도 많이 변했지만, 예나 지금이나 이 땅의 사람들은 공동체 속에서 삶을 영위한다. 변화한 시대에 맞추어 전통시대의 가치를 올바르게 계승한다면, 급변하는 현대사회에서도 향약 정신은 지속 가능할 수 있을 것이다.

참고문헌

김무진, 「율곡 향약의 사회적 성격」, 『학림』 5, 연세대학교 사학연구회, 1983.

김용덕, 「조선후기의 지방자치−향청과 촌계−」, 『국사관논총』 3, 국사편찬위원회, 1989.

＿＿＿, 「향약과 향규」, 『한국사상』 16, 한국사상연구회, 1978.

김인걸, 「조선후기 향촌사회 변동에 관한 연구−18,19세기 '향권' 담당층의 변화를 중심으로−」, 서울대학교 대학원 박사학위논문, 1991.

김현영, 『조선시대의 양반과 향촌사회』, 집문당, 1999.

다카하시 도루 지음, 이형성 엮음 『다카하시 도루의 조선유학사』, 예문서원, 2001.

박경하, 「조선후기 향약연구−향약의 성격변화를 중심으로−」, 중앙대학교 사학과 박사학위논문, 1993.

백지국, 「조선후기 경상도 창원부 재지사족 연구」, 영남대학교 대학원 박사학위논문, 2022.

윤해동, 『지배와 자치』, 역사비평사, 2006.

이광우, 「1840-1910년 강원도 평해군 구암동의 '동중' 운영과 계」, 『강원사학』 38, 강원사학회, 2022.

＿＿＿, 「목천현감 안정복의 수령 통치와 그 성격」, 『역사와 실학』 77, 역사실학회, 2022.

＿＿＿, 「조선후기 향약 운영과 성격−정부·지방관·재지사족 등 운영 주체

를 중심으로—」, 영남대학교 대학원 박사학위논문, 2018.

이성무, 「여씨향약과 주자증손여씨향약」, 『진단학보』 71, 진단학회, 1991.

이수건 외, 「조선후기 경주지역 재지사족의 향촌지배」, 『민족문화논총』 15, 영남대학교 민족문화연구소, 1994.

이용기, 「19세기 동계의 마을자치조직으로 전환에 관한 시론」, 『사학연구』 128, 한국사학회, 2017.

_____, 「일제의 동계 조사와 식민주의적 시선」, 『사림』 31, 수선사학회, 2008.

이태진, 「사림파의 향약보급운동」, 『한국문화』 4, 서울대학교 한국문화연구소, 1983

정진영, 『조선시대 향촌사회사』, 한길사, 1998.

한국대학교수새마을연구회, 『새마을운동40년사』, 2010.

한미라, 「1930년대 조선총독부의 지방 통치와 향약 정책」, 중앙대학교 대학원 박사학위논문, 2016.

한상권, 「16·17세기 향약의 기구와 성격」, 『진단학보』 58, 진단학회, 1984.

향촌사회사연구회, 『조선후기 향약연구』, 민음사, 1990.